U0062277

九品中正与六朝门阀

杨筠如 著

上海人民出版社

杨筠如(1901～1946年)

　　杨筠如,名德昭,湖南常德县金霞乡人,1901年生,与清太史杨移芝同族。筠如幼年颖悟,濡染移芝老人遗风,酷爱书史。1918年,考入设在常德县城内的湖南省立第二中学校,不久即离校去上海,在东南大学肄业二年,又北上燕京,进入清华大学研究院,专攻史学,以勤研学问,获得梁任公、王国维的器重,卒业后于1926年派任厦门大学讲师。以后十年,历任厦门、暨南、青岛、河南、四川等大学和中国公学讲师、教授,其间,曾东渡日本考察教育一年。1937年"七七事变",挈眷回常德,目触时艰,不欲远去。由于他学识道德,深孚众望,为地方人士推举,就任常德县立中学校长。任职期间,意在有成于县中,不意日寇肆虐,空袭县城,遂迁校花岩溪,搬迁草创,劳累一身。1939年下期,杨筠如难却湖南大学一再邀请,辞去县中校长职务,赴湖大任教一年。翌年(1940年下期)返回常德故里,适值移芝中学校长缺人,杨筠如又以族望,被举为该校校长。时正抗日危难期间,杨主持校政,清理学田,擘划校务,惨淡经营。为避免日军侵扰,六年间五迁校舍于山溪间,不幸积劳成疾,于1946年7月卒于任内,时年仅45岁。杨筠如平生著述行世者有《九品中正与六朝门阀》、《尚书覈诂》及《荀子研究》三书。未付梓者有《中国上古史》、《中国通汇志》。

目　　录

第一章　九品中正成立的原因

九品中正是一种官人的制度，为三国时候魏国陈群建议施行的。

《魏志·陈群传》："制九品官人之法，群所建也。"[1]

他的创始在魏文帝黄初元年（公元220）。这种制度是于每一个州郡都设置中正的官，各把州郡内的人物，评定为九品。

《文献通考》："延康元年，（魏文帝为魏王，改建安二十五年为延康元年，后又改为黄初元年。）尚书陈群以为天朝选用，不尽人才，乃立九品官人之法，州郡皆置中正以定其选，择州郡之贤有识者为之，区别人物，第其高下。"[2]

本是取法于班固的《古今人表》而来。

《孙楚集》："奏曰：九品汉氏本无，班固著《汉书》，序先代贤智以九品条，此盖记鬼录次第耳，而陈群依之以品生人。"[3]

当时吴国也有一种太平公，与魏之中正相似。

《太平御览》："魏司空陈群以天台选用，不尽人才，择州之才优有昭鉴者，除为中正，自拔人才，铨定九品，州郡皆置。吴有太平公，亦其任也。"[4]

---

〔1〕《三国志》，卷二二，页四，四部备要本（下同）。

〔2〕《文献通考》，卷二八，页一五，浙江书局本（下同）。

〔3〕《太平御览引》，卷二六五，页一一〇，日本安政乙卯（清咸丰五年）重椠宋本（下同）。

〔4〕同上，页九。

可见这是一种风气和时势的促成。他的主要原因,大概可区别为下列三种:

(一) 由于汉末察举的腐败

两汉本乡举里选的遗意,实行一种察举的制度。除由学校出身和州郡派遣的上计吏以外,普通的察举,可以分为两种:一种是无定期的,和后来的制举性质相同,是由天子下诏特举。在西汉不过贤良、方正、直言极谏几种名目,中兴以后,名目更加多了。

《后汉书·左雄传》论:"汉初诏举贤良、方正,州郡察孝廉、秀才,斯亦贡士之方也。中兴以后,复增敦朴、有道、贤能、直言、独行、高节、质直、清白、敦厚之属,荣路既广,觖望难裁,自是窃名伪服,浸以流竞,权门贵仕,请谒繁兴。"〔1〕
这种特举的制度,就在六朝仍然还是存在。现在任意列举几条如下:

一、《晋书·武帝本纪》:"泰始四年(公元 268)诏王公卿尹及郡国守相举贤良方正直言之士。"〔2〕

二、《宋书·前废帝本纪》:"永光元年(公元 464)诏可甄采郡国,招聘间部,其有孝性忠节,幽居遁栖,信诚义行,廉正表俗,文敏博识,干事治民,务加旌举,随才引用。"〔3〕

三、《梁书·武帝本纪》:"普通三年(公元 523)诏公卿百僚各上封事,连率郡国举贤良方正直言之士。"〔4〕

我看都是随才立名,也并不是一定的。再一种就是秀才、孝廉,这是有定期的。每年由州举秀才,郡国察孝廉,是一种定制。这种制度到六朝也还是存在。

---

〔1〕《后汉书》,卷九一,页一九一二〇,四部备要本(下同)。
〔2〕《晋书》,卷三,页一〇,吴氏西爽堂校刻本(下同)。
〔3〕《宋书》,卷六,页二〇,万历二六年明刊本(下同)。
〔4〕《梁书》,卷三,页三,万历三年明刊本(下同)。

《宋书·百官志》:"汉武元封四年(公元前 109)令诸州岁各举秀才一人,后汉避光武讳改茂才。魏复曰秀才。晋江左扬州岁举二人,诸州举一人,或三岁一人,并对策问。"〔1〕

汉武帝纳董仲舒之言,元光元年(公元前 134)始令郡国举孝廉,制郡口二十万以上岁察一人,四十万以上二人,六十万三人,八十万四人,百万五人,百二十万六人;不满二十万二岁一人,不满十万三岁一人……魏初更制口十万以上岁一人,有孝异不拘户口。江左以丹阳、吴、会稽、吴兴并大郡,岁各举二人。〔2〕

六朝所不同的,就是加出一个九品中正来。因为汉代所行察举制度的精神,本来是注重乡论。

顾炎武《日知录》:"……两汉以来,犹循此制,乡举里选,必先考其生平,一玷清议,终身不齿。君子有怀刑之惧,小人存耻格之风,教成于下而上不严,论定于乡而民不犯。"〔3〕

不过事久弊生,到后汉章帝时候,已经是真伪不分,

《后汉书·章帝本纪》:"建初元年(公元 76)诏曰:'夫乡举里选,必累功劳。今刺史守相不明真伪,茂才孝廉,岁以百数。既非能选,而当操之政事,甚无谓也!'"〔4〕

于是州郡守相,渐置乡论于不顾,

《后汉书·和帝本纪》:"永元五年(公元 93)诏曰:'选举贤才,为政之本,科别行能,必由乡曲。而郡国举吏,不加简择,故先帝明敕所在令试之以职,乃得充选……而宣布以来,出入九年,二千石曾不承奉,恣心从好;司隶刺史,讫无纠察……在位

---

〔1〕《宋书》,卷四〇,页一六。
〔2〕同上,页一七。
〔3〕《日知录集释》,卷一三,页一〇——一,四部备要本(下同)。
〔4〕《后汉书》,卷三,页三。

不以选举为忧,督察不以发觉为负,非独州郡也。'"〔1〕
而末流遂至"权门贵仕,请谒繁兴。"左雄因此乃建立限年与课试之
法以救其弊。

> 《后汉书·左雄传》:"顺帝阳嘉元年(公元 132)雄又上言:
> '郡国孝廉,古之贡士,出则宰民,宣协风教,若其面墙,则无所
> 施用。……请自今孝廉不满四十,不得察举。诸生试家法,文
> 吏课笺奏,列之端门,练其虚实……'帝从之……自是牧守,不
> 敢轻举。"〔2〕

但是时势所趋,颇不易于挽回,我们看后来选举之滥,便可知了。

> 《抱朴子审举篇》:"灵、献之世,阉官用事……台阁失选用
> 于上,州郡轻贡举于上……故时人语曰:'举秀才,不知书;举孝
> 廉,父别居。'"〔3〕

因为选举之权,操于州郡,

> 《后汉书·韦彪传》:"是时陈事者率言郡国贡举,率非功
> 次,故守职益懈,而吏事寝疏,咎在州郡……"〔4〕

政治不良,则守相率非其人,贡举自然不会好的。汉末的政治,全是
官寺专权,所以贡举的情形很坏,完全失了乡举里选的本意。九品
中正的制度,便为救这种流弊而起。以为倚靠守相,不如专靠乡论。
所以大小中正,须用本地有才德重望的人,而不假手于州郡。

> 《文献通考》:"州郡县俱置大小中正,各取本地人在诸府公
> 卿及各省郎吏有德充才盛者为之,区别所管人物,定为九等。

---

〔1〕《后汉书》,卷四,页六。
〔2〕同上,卷九一,页四。
〔3〕《抱朴子》,外一五,页二,四部备要本(下同)。
〔4〕《后汉书》,卷五六,页一六。

其言行修著,则升进之;或以五升四,以六升五。倘或道义亏缺,则降下之;或自五退六,自六退七。吏部不能审定天下人才士庶,故委中正铨第等级,凭之授受,谓免乖失。"[1]

就是平时铨定各人的言行,也正为防备临时舞弊起见。比较原来空言注重乡论的察举,在形式上不能不说是精密了许多。所以九品中正之设立,是为救汉末选举之弊而加以整顿,是一种时势的要求,也并不是陈群一个人的私见。

赵翼《廿二史劄记》:"魏文帝初定九品中正之法,郡邑设小中正,州设大中正,由小中正品第人才以上大中正,大中正核实以上司徒,司徒再核然后付尚书选用,此陈群所建白也。然魏武时何夔疏言:'今草创之际,用人未详其本,是以各引其类,宜先核之乡闾,使长幼顺序,无相逾越,则贤不肖先分。'(《夔传》)杜恕亦疏言:'宜使州郡考士,必由四科,皆有事效,然后察举,试辟公府。'(《恕传》)此又在陈群之前。盖汉以来,本以察举孝廉为士人入仕之路,迨日久弊生,夤缘势利,猥滥益甚,故夔等欲先清其源,专归重于乡评以核其素行,群又密其法而差等之,固论定官人之法也。"[2]

(二) 由于汉末清议的激烈

汉代本来就注重乡论,加以东汉光武的敦厉名节,养成一种特别的士风。

顾炎武《日知录》:"自孝武表章六经之后,师儒虽盛而大义未明……光武有鉴于此,故尊崇节义,敦厉名实,所举用者莫非经明行修之人,而风俗为之一变。"[3]

---

[1] 《文献通考》,卷二八,页一五。
[2] 《廿二史劄记》,卷八,页一一,文渊山房石印本(下同)。
[3] 《日知录集释》,卷一三,页三。

到了桓灵之际,宦官专权,一班名士羞与为伍,力持正论,于是互相品题,变成社会上一种绝大的风气。

> 《后汉书·党锢传序》:"逮桓、灵之际,主荒政谬,国命委于阉寺,士子羞与为伍,故匹夫抗愤,品核公卿,裁量执政,婞直之风,于斯行矣。"[1]

我们看当时海内之士互相标榜,有所谓三君、八俊、八顾、八及、八厨之品第。

> 《党锢传序》:"海内希风之士,遂共相标榜,指天下名士为之称号,上曰三君,次曰八俊,次曰八顾,次曰八及,次曰八厨……"[2]

大抵都喜欢臧否人伦,好为危言核论。

> 《党锢传序》:"又渤海人公孙进阶,扶风魏齐卿,并危言深论,不隐豪强,自公卿以下莫不畏其贬议。"[3]

就是怕以危言取祸的人,对于社会上的人物,仍然是喜欢加以品目。

> 《后汉书·郭太传》:"林宗虽善人伦而不为危言核论。"[4]

许南月旦,尤足以代表这种风气。

> 《后汉书·许劭传》:"初劭与兄靖俱有高名,好共品题乡党人物,每月辄更其品题,故汝南俗有月旦评焉。"[5]

他们的品题,大都是很简当的一两句话,

> 《郭太传》:"或问汝南范滂曰:'郭林宗何如人?'滂曰:'隐不违亲,贞不绝俗,天子不得臣,诸侯不得友,吾不知其他。'……又太曰:'奉高(袁阆)之器,譬之泛滥,虽清而易挹;叔度(黄宪)之

---

〔1〕《后汉书》,卷九七,页二。

〔2〕〔3〕 同上,页三。

〔4〕 同上,卷九八,页一。

〔5〕 同上,页七。

器,汪汪若千顷之陂,澄之不清,扰之不浊,不可量也。'"〔1〕

《党锢传序》:"学中语曰:'天下楷模李元礼(膺),不畏强御陈仲举(蕃),天下俊秀王叔茂(畅)。'"〔2〕

这与后来中正的品状,差不多完全一样。

《晋书·孙楚传》:"初,楚与同郡王济友善。济为本州大中正,访问铨邑人品状,至楚,济曰:'此人非卿所能目,吾自为之。'乃状楚曰:'天才英博,亮拔不群。'"〔3〕

所以魏人的九品中正,是为这种风气所促成,毫无可疑。简直可以说是汉末的党祸与清议,为九品中正成立的最大原因。

(三) 由于汉末政局的混乱

汉朝末年经过黄巾、董卓、李傕、郭汜几次的大乱,弄到民不聊生,流离转徙。我们看《董卓传》:

《后汉书·董卓传》:"于是尽徙洛阳人数百万口于长安,步骑驱蹙,更相蹈籍,饥饿寇掠,积尸盈路。"〔4〕

便可想见一斑。这还是被驱迫而迁徙的,其他自动逃乱的,如《荀彧》《管宁》等传所说:

《后汉书·荀彧传》:"同郡韩融时将亲族千余家,避乱密西山中。"〔5〕

《魏志·管宁传》:"天下大乱,闻公孙度令行于海外,遂与邴原及平原王烈等,至于辽东……时避乱者多居郡南,而宁居北,示无迁志。"〔6〕

---

〔1〕《后汉书》,卷九八,页一一二。
〔2〕同上,卷九七,页三。
〔3〕《晋书》,卷五六,页一六。
〔4〕《后汉书》,卷一〇二,页六。
〔5〕同上,卷一〇〇,页一五。
〔6〕《三国志》,卷一一,页一七。

当时这种情形非常之多。人民既没有定居,州郡察举自然也很困难。况且天下纷乱,州郡守相时常变动,察举的制度,更不能适用,所以魏文之立九品中正的制度,也是为应付这种情形。

> 《晋书·卫瓘传》:"与太尉亮上疏曰:'魏氏承颠覆之运,起丧乱之后,人世流移,考详无地,故立九品之制,粗具一时选用之本耳。'"〔1〕

因为中正是在朝的官吏,由他考察本地的人物,就是有迁移的,他们因为同籍的关系,比较的还可知道。比较一个人地生疏的守宰,似乎容易得多。不过这仅是原因之一,李重说:"九品是军中之政,非经国之法。"则简直视此为唯一的原因。

> 《晋书·李重传》:"上疏陈九品曰:'九品始于丧乱,军中之政,非经国不刊之法也。且其检防转碎,征刑失实,故朝野之论,佥谓驱动风俗,为弊已甚,而至于议改。'"〔2〕

大概因为这种制度有了流弊,所以不觉发为偏僻之论。其实陈群建立这种制度,是受当时政治风气种种的影响,经过详细的考察,决不仅是一种权宜的办法。

> 《宋书·恩幸传》:"论汉末丧乱,魏武始基,军中仓猝,权立九品……"〔3〕

这种制度能够施行三四百年之久,虽然另有他的原因。

> 《廿二史劄记》:"选举之弊至此而极,然魏晋及南北朝三四百年莫有能改之者,盖当时执权者即中正高品之人,各自顾其门户,固不肯变法;且习俗已久,自帝王以及士庶,皆视为固然

---

〔1〕 《晋书》,卷三六,页四。
〔2〕 同上,卷四六,页一九。
〔3〕 《宋书》,卷九九,页一。

而无可如何也。"〔1〕

可见也自有他的立脚点，不是随便立法可比。

《文献通考》："南朝至于梁陈，北朝至于周隋，选举之法虽互相损益，而九品及中正，至开皇(公元589—605)中方罢。"〔2〕

大概这三种原因，前面两种比较重要，后面这一种止可说是促成这种制度之一个偶然的近因罢了。前人把他视为唯一的原因，未免太藐视了当时的政治和社会状况罢。

---

〔1〕《廿二史劄记》，卷八，页一一一——一二。
〔2〕《文献通考》，卷二八，页一五——一六。

第二章　九品中正内容的分析

要明白九品中正的内容，就要研究中正的产生职权和关系于中正的各种问题。因为这种制度的主要人物，就是一个中正。但是讲到中正，先有几个稍费考证的问题：第一就是《文献通考》既说"州郡县俱置大小中正"，应当每州每郡每县都有大中正和小中正。不过他又有一段说：

> 晋依魏氏九品之制，内官吏部尚书、司徒、左长史；外官州有大中正，郡国有小中正，皆掌选举。[1]

赵翼《廿二史劄记》说得更为详细：

> 魏文帝初定九品中正，郡邑设小中正，由小中正品第人才以上大中正，大中正核实以上司徒，司徒再核然后付尚书选用。[2]

又似州只有大中正，郡邑只有小中正。这两说自相矛盾，就我考查的结果，是前一说比较的可靠。据下列几条：

一、《晋书·卞壶传》："淮南小中正王式，其继母前夫终，更适式父。式父终葬讫，议还前夫家……遂合葬于前夫……壶奏劾侍中司徒临颍公组，扬州大中正平望亭侯晔，淮南大中正

---

〔1〕《文献通考》，卷三六，页一二。
〔2〕《廿二史劄记》，卷八，页一一。

散骑侍郎弘,不能率礼正违。"〔1〕

　　二、《华谭传》:"转丞相军谘祭酒,领郡大中正。"〔2〕

　　三、《徐邈传》:"道子以邈为前卫率,领本郡大中正。"〔3〕

　　四、《刁协传》:"累转太常博士、本郡大中正。"〔4〕

　　五、《陶侃传》:"后补武冈令,与太守吕岳有嫌,弃官归为郡小中正。"〔5〕

　　六、《宋书·王淮之传》:"又为尚书左丞、本郡大中正。"〔6〕

是郡有大小中正的明证。又如:

　　一、《晋书·顾众传》:"更拜丹阳尹,本国大中正。"〔7〕

　　二、《魏书·张伟传》:"还仍为中书侍郎、本国大中正。"〔8〕

是国也有大中正可知。再如:

　　一、《晋书·盛彦传》:"吴平,陆云荐之于刺史周浚。本邑大中正刘颂又举彦为小中正。"〔9〕

　　二、《宋书·荀伯子传》:"迁散骑常侍,本邑大中正。"〔10〕

　　三、《周书·陈忻传》:"恭帝二年(公元 555)授宜阳邑大中正。"〔11〕

是县邑也有大小中正无疑。只有州没有见着小中正。但以郡邑之

〔1〕《晋书》,卷七〇,页一三——五。
〔2〕同上,卷五二,页一七。
〔3〕同上,卷九一,页一四。
〔4〕同上,卷六九,页八。
〔5〕同上,卷六六,页七。
〔6〕《宋书》,卷六〇,页九。
〔7〕〔9〕《晋书》,卷七六,页二〇。
〔8〕《魏书》,卷八四,页四,万历二四年明刊本(下同)。
〔10〕《宋书》,卷六〇,页四。
〔11〕《周书》,卷四〇,页五,崇祯五年汲古阁本(下同)。

制为例,似应也有大小中正。并且各史所纪有称州大中正的,也有只称州中正的,似应有别。

> 《宋书·张茂度传》:"元嘉七年(公元430),起为廷尉加奉车都尉,领本州中正……子永,泰始四年(公元469),加散骑常侍,本州大中正。"[1]

《隋书》叙北齐官制州大中正与州中正,品秩也不同。

> 《隋书·百官志》:"北齐诸州大中正视第五品,诸州中正畿郡邑中正视从第五品。"[2]

我以为只书中正的,大致是小中正。总之州设大中正郡邑设小中正的话,可说全无根据。州郡县俱置大小中正,大致可以承认是不错的了。

第二就是说中正一官,都是本地人。这一点也有令人怀疑的地方。因为各史里面凡称做本州中正本郡中正的,固然知道是本地人。但也有很多不称本州本郡的,比如下列二条:

> 一、《南齐书·虞悰传》:"郁林立(公元494),改领右军将军、扬州大中正。"[3]

> 二、《陆澄传》:"转散骑常侍秘书监、吴郡中正。"[4]

外面看来似乎不是本地人,其实殊不尽然。陆澄本为吴郡吴人,则仍做的本郡中正。虞悰为会稽余姚人,本为扬州属郡,也仍然是做的本州中正。这一类的例子非常之多,他所以不称本州本郡唯一的原因,就是六朝州郡的变更率太大,时分时合的没有一定。先属徐州的,现在又属兖州,原称司州的,后又改为洛州,一概的称本州本

---

〔1〕《宋书》,卷五三,页二一六。
〔2〕《隋书》,卷二七,页二一一—二二,五洲同文局石印本(下同)。
〔3〕《南齐书》,卷三六,页六,崇祯十年汲古阁本(下同)。
〔4〕同上,卷三九,页七。

郡,颇易发生误会。试举一比较明显的例子如下：

> 《魏书·李顺传》："赵郡平棘人也……孙宪迁长兼司徒左
> 长史、定州大中正……族人秀林加冠军将军、定州大中正……
> 秀林子景义大司马谘议参军、殷州大中正……族子譿,正光中
> (公元520—526)迁廷尉、殷州大中正。"[1]

为什么一家会做两州中正? 这因为赵郡原属定州,后孝昌(公元
527—528)时分定、相二州另置殷州,赵郡又属殷州了。[2]其实仍
然是一个地方,也仍然是本地人。就是非本地人,大致也有多少瓜
葛,须要与本地人有了关系,才行。比如朱瑞的联宗。

> 《魏书·朱瑞传》："代郡桑乾人也……除青州中正……仍
> 转沧州中正。瑞始以青州乐陵有朱氏,故求为青州中正;又以
> 沧州乐陵亦有朱氏,而心好河北,遂乞移属焉。"[3]

王仲兴、茹皓的假冒：

> 《魏书·恩幸传》："王仲兴世居赵郡,自以寒微,云：'旧出
> 京兆霸城',故以为雍州大中正。又茹皓,旧吴人也……皓既官
> 达,自云：'本出雁门',雁门人谄附者,乃因荐皓于司徒,请为肆
> 州大中正。"[4]

虽以宠幸之臣,仍然要假托郡望,正以中正本须本地人的原故。所
以这一点虽可疑,而实无可疑,虽偶有例外,而大致可以承认。

第三就是中正一官,照例应当各州各郡都有一个,而实际又却
不尽然。每有一人兼领许多州郡的,试举数例如下：

---

[1]《魏书》,卷三六,页七一一七。

[2] 同上,卷一〇六,页一四一一五。

[3] 同上,卷八〇,页一一二。

[4] 同上,卷九三,页一一,又页一四一一五。

一、《晋书·王述传》："领并、冀、幽、平四州大中正。"[1]

二、《魏书·王慧龙传》："领并、荆、扬三州大中正。"[2]

三、《陈书·孔奂传》："领扬、东扬、丰三州大中正。"[3]

四、《宗元饶传》："领荆、雍、湘、巴、武五州大中正。"[4]

这一方面是由于侨置的州郡多没有实地，而另一方面或者由于人才的缺乏。

《文献通考》："自太和(公元 477—499)以前，精选中正，德高乡国者充。其边州小郡，人物卑鲜者，则并附他州；其在遐陋者，则缺而不置。当时称为简当，颇为得人。"[5]

这三点都弄明白了，我们再来研究中正的内容。它的内容，约可分为三项：

(一) 中正的产生

中正须用本地在朝廷或在郡国负有重望的人物，前面已经叙及。至于如何产生？虽无一定的明文，据我考查的结果，约有下列几种：

（A）由于公卿的推举

中正不比通常的官吏，要为物望所归，才能秉正无私，所以大致都出于推举一途。先由本地人为公卿的，自相推定。

《魏书·穆亮传》："于时复置司州。高祖曰：'司州始立，未有寮吏，须立中正，以定选举。然中正之任，必须德望兼资者……公卿等宜自相推举。'尚书陆叡举亮为司州大中正。"[6]

---

[1] 《晋书》，卷七五，页五。
[2] 《魏书》，卷三八，页一〇。
[3] 《陈书》，卷二一，页一〇，万历十六年明刊本(下同)。
[4] 同上，卷二九，页二。
[5] 《文献通考》，卷三六，页二一。
[6] 《魏书》，卷三七，页八。

然后上于司徒,司徒再付尚书。

> 《晋书·刘毅传》:"司徒举毅为青州大中正,尚书以毅悬车
> 致仕,不宜劳以碎务……于是青州自二品以上光禄勋石鉴等共
> 奏曰:'前被司徒符,当衾举州大中正,佥以光禄大夫毅纯孝至
> 素,著在乡里。'"[1]

大概选举人,由司徒择定,所以石鉴有"前被司徒符,当衾举州大中
正"的话。而最后的决定,则在尚书,因为尚书是选举的总机关,一
切用人都由选曹决定,中正也自然不能例外的。

(B) 由于司徒的选召

司徒为中正的上司,所以司徒对于中正,可以选用,也可以
访召。

> 《晋书·李含传》:"司徒选含领始平中正。"[2]

> 《魏书·裴询传》:"时本邑中正缺,司徒召询为之。询族叔
> 昞自陈情愿此官,询遂让焉。"[3]

这一类仅见于郡邑的中正,与前例州大中正,或有轻重的不同。

(C) 由于州郡的举辟

州郡守相,有时也可以推举中正,这是由于他能比较明了州郡
内的人物。

> 《晋书·任旭传》:"州郡举为郡中正,固辞归家。"[4]

也有时直接辟召。

> 《梁书·羊侃传》:"祖规,宋武之临徐州,辟祭酒从事大

---

〔1〕《晋书》,卷四五,页八一九。
〔2〕同上,卷五〇,页一〇。
〔3〕《魏书》,卷四五,页一三。
〔4〕《晋书》,卷九四,页一五。

中正。"〔1〕

《魏书·裴延㑺传》:"族人瑗,太和中,析属河北郡,少孤贫而清苦自立,太守司马悦召为中正。"〔2〕

《北齐书·宋游道传》:"既而李奖为河南尹,辟游道为中正。"〔3〕

《周书·杨摽传》:"韩仲恭美容仪,澹于荣利,郡累辟为功曹中正。"〔4〕

这又因为中正虽非直隶属于守相,却与僚属的性质相近。

（D）由于大中正的推荐

大中正有监督小中正的责任,所以他也可推举小中正。

《晋书·盛彦传》:"本邑大中正刘颂又举彦为小中正。"〔5〕

《太平御览引·晋书》:"杨晫代温雅为大中正,举陶侃为鄱阳小中正。"〔6〕

不过这只限于小中正,与前面三种又稍不同了。

这四种产生的方法,也并不是有绝对的区别,大概总以资望为准。所以无论是推举或是辟召,事先已有一定的舆论,差不多很少可以更动。我们看《魏书·郭祚传》:

初,高祖之置中正,从容谓祚曰:"并州中正,卿家故应推王琼也。"祚退谓寮友曰:"琼真伪,今自未辨,我家何为减之？然主上直信李冲吹嘘之说耳。"〔7〕

---

〔1〕《梁书》,卷三九,页四。
〔2〕《魏书》,卷六九,页一一。
〔3〕《北齐书》,卷四七,页七,万历十六年明刊本(下同)。
〔4〕《周书》,卷四五,页五。
〔5〕《晋书》,卷七六,页二〇。
〔6〕《太平御览引》,卷二六五,页八。
〔7〕《魏书》,卷六四,页六。

便可明白。所以因此有预先推挤之事，

> 《北齐书·许惇传》："齐朝体式，本州大中正，以京官为之。
> 同郡邢邵为中书监，德望甚高，惇与邵竞中正，遂冯附宋钦道出
> 邵为刺史。"〔1〕

也有直接争夺之举。

> 《北齐书·羊烈传》："天统初（公元 565），与尚书毕义云争
> 兖州大中正。义云盛称门阀云：'我累世本州刺史，卿世为我家
> 故吏。'烈答云：'自毕轨被诛以还，寂无人物；近日刺史，乃是疆
> 场之上，彼此而得，何足为言？岂若我汉之河南尹，晋之太傅，
> 名德学行，百代传美。'"〔2〕

虽然在好的情形方面，也有时互相推让，

> 《晋书·何充传》："又领州大中正。以州有先达宿德，因让
> 不拜。"〔3〕

> 《北齐书·李元忠传》："中兴二年（公元 532），转太常卿殷
> 州大中正，以从兄瑾年长，以中正让之。"〔4〕

不过这种产生的方法，太不健全。就在政治清明的时候，已不免操
于一二绅士之手，而有了偏重门阀之弊；若到了政治不好，一班中正
便尽属于贪淫无耻之流。

> 《魏书·李凭传》："阿附赵修，起迁司空长史……定州大
> 中正。"〔5〕

---

〔1〕《北齐书》，卷四三，页六。
〔2〕同上，页七。
〔3〕《晋书》，卷七七，页七。
〔4〕《北齐书》，卷二二，页二。
〔5〕《魏书》，卷四九，页三。

《夏侯道迁传》："长子夬为南兖州大中正,姓好酒,居丧不戚。"[1]

《綦儁传》："子洪寔为魏郡邑中正,嗜酒好色,无行检。"[2]

《北齐书·张亮传》："及历诸州,咸有黩货之闻,武定(公元543—551)末,征拜侍中,汾州大中正。"[3]

这不能不归咎于产生方法之不健全了。

(二) 中正的职权

欲明白中正的职权,须先知道与中正有关系的官吏。大概内官有尚书、司徒、左长史,是中正的上司。外官有主簿、功曹,为他的辅佐。

《新唐书·柳冲传》："魏氏立九品,置中正,尊世胄,卑寒士,权归右姓。其州大中正,主簿,郡中正,功曹,皆取著姓士族为之,以定门胄,品藻人物。"[4]

他手下置有访问,为他调查。

《晋书·孙楚传》："王济为太原大中正,访问铨邑人品状,至孙楚,则曰:'此人非卿所能目,吾自为之。'"[5]

又似还有评议,帮他评定。(按评议或就是中正的别名,也未可定。)

《魏志·胡昭传》注引《高士传》："后荀颉、黄休、庾嶷荐昭,有诏访于本州评议。"[6]

至于中正自己的职务,本在差叙各人的功德材行,以为尚书铨叙的根据。

---

〔1〕《魏书》,卷七一,页二〇。
〔2〕同上,卷八一,页二。
〔3〕《北齐书》,卷二五,页三。
〔4〕《唐书》,卷一九九,页一八,五洲同文局石印本(下同)。
〔5〕《晋书》,卷五六,页一六。
〔6〕《三国志》,卷一一,页二三。

　　《魏志·常林传》注引《魏略》："先是国家始置九品,各使诸
　　郡选置中正,差叙自公卿以下至于郎吏功德材行取任。"[1]

先由小中正根据访问所得,铨定品第,

　　《晋书·刘卞传》："初入太学,试经为台四品吏。访问欲令
　　写黄纸一鹿车,卞曰:'刘卞非为人写黄纸者也。'访问知,怒言
　　于中正,退为尚书令史。"[2]

经大中正核实以后上于司徒,司徒再核然后付尚书选用。所以
中正对于品状,虽有随时进退之权,

　　《晋书·刘沈传》："太保卫瓘辟为掾,领本邑大中正,敦儒
　　道,爱贤才,进霍原为二品。"[3]

　　《张辅传》："梁州刺史杨欣有姊丧,未经旬,车骑长史韩预
　　强聘其女为妻。辅为中正,贬预以清风俗。论者称之。"[4]

《文献通考》所谓"或以五升四,以六升五"、"或自五退六,自六退
七";大概可认为实事。但中正既须下面听于乡议,

　　《晋书·阎瓒传》："父卒,继母不慈,瓒恭事弥谨,而母疾之
　　愈甚,乃诬瓒盗父时金宝,讼于有司,遂被清议十余年。瓒无怨
　　色,孝谨不怠。母后意解,更移中正,乃得复品。"[5]

而上又须司徒通过,

　　《晋书·霍原传》："及刘沈为国大中正,元康(公元291—
　　300)中,进原为二品,司徒不过。诏下司徒参论,中书监张华令

　　〔1〕《三国志》,卷二三,页五。
　　〔2〕《晋书》,卷三六,页二六。
　　〔3〕同上,卷八九,页一〇。
　　〔4〕同上,卷六〇,页九。
　　〔5〕同上,卷四八,页一七。

陈准奏为上品,诏可。"〔1〕

　　《孔愉传》:"初,愉为司徒长史,以平南将军温峤母亡,遭乱不葬,乃不过其品。"〔2〕

并且朝士名流,也可以清议变更,

　　《晋书·张轨传》:"张华与轨论经义及政事损益,甚器之。谓安定中正为蔽善抑才,乃美为之谈,以为二品之精。"〔3〕

似乎他的职权,也限制得很利害。不过吏部选用,都须下据中正之品状,

　　《文献通考》:"晋依魏氏九品之制……凡吏部选用,必下中正征其人居及祖父官名。"〔4〕

　　《梁书·敬帝本纪》:"太平二年(公元557),又诏诸州各置中正,依旧访举,不得辄承单状序官,皆须中正押上,然后量授。"〔5〕

又或直接与吏部铨择可否,

　　《文献通考》:"后魏州郡皆有中正,掌选举,每以季月与吏部铨择可否。"〔6〕

所以差不多吏部用人之权,全操于中正之手。

　　《魏书·崔亮传》:"亮答刘景安书曰:'昔有中正,品其才第,上之尚书,尚书据状,量人授职,此乃与天下群贤共爵人也。'"〔7〕

---

〔1〕《晋书》,卷九四,页一一。
〔2〕同上,卷七八,页二。
〔3〕同上,卷八六,页一。
〔4〕《文献通考》,卷三六,页一二一一三。
〔5〕《梁书》,卷六,页四。
〔6〕《文献通考》,卷二八,页二七。
〔7〕《魏书》,卷六六,页一六一一七。

结果至于"九品访人，唯问中正"，其权也就不可谓小了。

　　《晋书·段灼传》："上疏曰：'今台阁选举徒塞耳目；九品访人，唯问中正。'"〔1〕

此外中正有辟选主簿功曹之权，

　　《宋书·谢景仁传》："子述，高祖闻而嘉之，及临豫州，讽中正以为主簿。"〔2〕

　　《南史·徐勉传》："旧扬徐首迎主簿，尽选国华，中正取勉子崧充南徐选首。"〔3〕

也有向朝廷直接举人之权，

　　《晋书·武帝本纪》："咸熙二年(公元265)令诸郡中正以六条举淹滞：一曰忠恪匪躬，二曰孝敬尽礼，三曰友于兄弟，四曰洁身劳谦，五曰信义可复，六曰学以为己。"〔4〕

　　《魏书·高祖本纪》："太和二十年(公元496)，诏诸州中正各举其乡之名望年，五十以上，守素衡门者，授以令长。"〔5〕

　　《房坚传》："高祖临朝，令诸州中正各举所知。千秋(坚字)与幽州中正阳尼各举其子。"〔6〕

不过平常也须司徒通过。

　　《晋书·李重传》："时燕国中正刘沈举霍原为寒素，司徒府不从。沈又抗议中书，奏原……"〔7〕

　　因为中正本属司徒，所以司徒对于中正负监察的责任，大中正

〔1〕《晋书》，卷四八，页一四。
〔2〕《宋书》，卷五二，页七。
〔3〕《南史》，卷六〇，页一六，万历一八年明刊本(下同)。
〔4〕《晋书》，卷三，页一。
〔5〕《魏书》，卷七下，页一九。
〔6〕同上，卷四三，页一四。
〔7〕《晋书》，卷四六，页二一。

对于小中正也是如此。前章所引卞壶以淮南小中正王式违礼,奏劾司徒及扬州大中正,淮南大中正,不能率礼正违,便是明证。又如:

> 《晋书·傅咸传》:"豫州大中正夏侯俊上言:'鲁国小中正司空、司马孔毓四移病所,不能接宾,求以尚书郎曹馥代毓。'旬日,复毓为中正,司徒三却,俊故据正。咸以俊与夺惟意,乃奏免俊大中正。"〔1〕

也可为小中正受大中正节制,而大中正又受司徒节制的说明。又大中正并且可以进退小中正的品状,

> 《晋书·李含传》:"司徒迁含领始平中正,秦王柬薨,含依台仪葬讫除丧。尚书赵浚有内宠,以含不事己,遂奏含不应除丧。本州大中正傅祇以名义贬含……退割为五品。"〔2〕

于此也可知道大小中正职权的差别了。

(三) 中正的位置

中正既是选朝廷官吏负有重望之人,又每以京官,或他官领职,

> 《北齐书·许惇传》:"齐朝体式,本州大中正,以京官为之。"〔3〕

> 《梁书·敬帝本纪》:"其选中正,每求耆德,该悉以他官领之。"〔4〕

所以多属一时名流。

> 《魏书·穆亮传》:"高祖曰:'中正之任,必须德望兼资者。'世祖时(公元424—452)崔浩为冀州中正,长孙嵩为司州中正,

---

〔1〕《晋书》,卷四七,页八。
〔2〕同上,卷五〇,页一〇。
〔3〕《北齐书》,卷四三,页六。
〔4〕《梁书》,卷六,页四。

可谓得人。"〔1〕

他不入寻常的官阶,也无俸给,是一种清高的位置。

《魏书·刑罚志》:"尚书令任城王澄奏:'案诸州中正,亦非品令所载,又无禄恤,先朝以来,皆得当刑。'"〔2〕

北齐虽有阶品,却只说"视第几品",也明明与正式官吏"为几品"者完全不同。

《隋书·百官志》:"北齐制流内比视官十三等:……诸州大中正视第五品,诸州中正畿郡邑中正视从第五品,清都郡中正视第八品,诸郡中正视从第八品。"〔3〕

可见位置之清高,确非正式官吏可比。不过中正有罪,还是要受处罚。

《魏书·甄琛传》:"吏部郎袁翻奏曰:'凡薨亡者属所即言大鸿胪,移本郡大中正,条其行迹功过;承中丞移言公府,下太常部博士评议。为谥不如法者,博士坐以选举不以法论;若行状失实,中正坐如博士。'"〔4〕

所以每有中正因贪赃除名,或免官。

《魏书·宣茂传》:"兼定州大中正,坐受乡人财货,为御史所劾,除名为民。"〔5〕

《阳尼传》:"后兼幽州中正,出为幽州平北府长史,带渔阳太守。未拜,坐为中正时受乡人财货,免官。"〔6〕

有时又或因行止有亏,不能率下,也须受罚。如前面所举淮南小中

---

〔1〕《魏书》,卷二七,页八。
〔2〕同上,卷一一一,页一六。
〔3〕《隋书》,卷二七,页二一一二二。
〔4〕《魏书》,卷六八,页八一九。
〔5〕同上,卷四九,页六。
〔6〕同上,卷七二,页一。

正王式因听继母合葬前夫,诏付乡里请议,废弃终身。始平中正李含以不应除丧被劾,退为五品,便是明证。但是中正因行状失实而遭处分的,实际一人未见。大概除了贪财或违礼是有实据以外,铨品的高下,本来就难有一定,所以实际差不多是不受赏罚之限制。

《晋书·刘毅传》:"论九品云:'今置中正,委以一国之重,无赏罚之防,人心多故,清平者寡,故怨讼者众。听之则告讦无已,禁绝则侵枉无极,与其理讼之烦,犹愈侵枉之害。今禁讼诉,则杜一国之口,培一人之势,使得纵横,无所顾惮……'"〔1〕这也是他与普通官吏位置不同的地方。

中正的内容,大致不过如此。这种制度起于魏之黄初(公元220)直到隋朝开皇(公元589—604)年间才罢,其中的情形,还有两点可以补述:

1. 是中正的废置。中正一官,在南朝是一直下去,止有梁时似乎曾有一度的废置。《文献通考》说:

梁初无中正制,年二十五方得入仕。天监(公元502—520)中,又诏九流常选,年未三十不通一经者,不得为官……州置州重,郡置郡宗,乡置乡豪各一人,专典搜荐。〔2〕

敬帝太平二年(公元557),复令诸州各置中正。〔3〕

似梁初本无中正,至敬帝才复;其实不然。按《梁书·武帝本纪》诏于州郡置州望郡宗乡豪各一人,专掌搜荐,〔4〕事在天监七年(公元508),何时废了中正,并无明文。今以《梁书》列传考之,梁初并没有废除中正一回事。

---

〔1〕《晋书》,卷四五,页五。
〔2〕〔3〕《文献通考》,卷二八,页二五。
〔4〕《梁书》,卷二,页一三。

一、《丘迟传》：“高祖践阼，迁中书侍郎，领吴兴邑中正。”〔1〕

二、《沈约传》：“天监二年，迁侍中右光禄大夫，领扬州大中正。”〔2〕

三、《郑绍叔传》：“天监六年，征为右将军……领司豫二州大中正。”〔3〕

四、《袁昂传》：“天监七年，除国子祭酒……领豫州大中正。”〔4〕

五、《柳庆远传》：“天监八年，迁散骑常侍，……雍州大中正。”〔5〕

六、《夏侯亶传》：“天监十二年，迁给事中，……领豫州大中正。”〔6〕

七、《萧琛传》：“普通元年（公元 520）迁左民尚书，领南徐州大中正。”〔7〕

八、《傅昭传》：“普通二年，又领本州大中正。”〔8〕

九、《明山宾传》：“普通四年，迁散骑常侍，领青冀二州大中正。”〔9〕

十、《陆杲传》：“普通五年又领扬州大中正，中大通元年（公元 529）加特进中正如故。”〔10〕

---

〔1〕《梁书》，卷四九，页三。
〔2〕同上，卷一三，页七。
〔3〕同上，卷一一，页六。
〔4〕同上，卷三一，页五。
〔5〕同上，卷九，页九。
〔6〕同上，卷二八，页六。
〔7〕同上，卷二六，页七。
〔8〕同上，卷二六，页四。
〔9〕同上，卷二七，页六。
〔10〕同上，卷二六，页九。

十一、《萧子云传》："大同二年（公元536）迁员外散骑常侍，……领南徐州大中正。……太清元年（公元547）复为侍中，……领南徐州大中正。"〔1〕

十二、《陆襄传》："大同六年，迁秘书监，领扬州大中正。太清元年，迁度支尚书，中正如故。"〔2〕

从武帝天监初年（公元502），直到逼死台城（太清三年，公元549），都明明设有中正，梁初无中正的话，真是马氏的瞀说了。并且天监七年，也有除中正的。我疑天监七年所置的州望郡宗，止是帮助中正专掌搜荐之事，他的职务约与访问相同，决不是废了中正而置，可以断言。梁之废中正，大概在侯景之乱以后，因为经过侯景，武陵王和周师陷江陵几次的大乱，没有一时安静，于是中正不废而自废了。到敬帝时候，陈霸先靖了内乱，又才恢复中正。只因为史文缺略，后人遂至误解了。至于北朝，原先并无中正的名称，只有一种大师小师，其性质颇类似于后来的大小中正。

《魏书·官氏志》："天赐元年（公元404）十一月，以八国姓族难分，故国立大师小师，令辨其宗党，品举人才。自八国以外，郡各立师，职分如八国，比今之中正也。宗室立宗师，亦如州郡八国之仪。"〔3〕

改置中正，始于何时，也没有明文可据。但《穆亮传》高祖曾说："世祖时崔浩为冀州中正，长孙嵩为司州中正。"则至迟在世祖时（公元424—452）早已改为中正了。后来世宗正始，肃宗正光，虽又罢过两次中正，不过不久便即恢复，都没有多大的关系。

---

〔1〕《梁书》，卷三五，页八一九。
〔2〕同上，卷二七，页九。
〔3〕《魏书》，卷一一三，页四。

《魏书·官氏志》:"正始元年(公元504)十一月,罢诸郡中正。又正光元年(公元520)十二月,罢诸州中正,郡县定姓族后,复。"〔1〕

惟有太和以前,边州小郡,每多不设中正,后来却每州都置了。

《文献通考》:"自太和(公元477)以前,精选中正……其边州小郡,人物卑鲜者,则并附他州;其在遐陬者,则缺而不置。当时称为简当,颇为得人。及宣武(世宗)孝明(肃宗)之世,州无大小,必置中正,既不可悉得其人,故或有庸鄙者操铨核之权,而选叙隤紊,至正始元年冬,乃诏罢诸郡中正。"〔2〕

这一点变迁的情形,颇值得注意。

2. 是中正的异名。中正在吴叫着太平公,魏之初年叫着大师小师,虽名称不同;实际的性质,却没有很大的分别。此外还有一个州都。

《太平御览·吴志》:"习温为荆州太平公。太平公,即州都也。"〔3〕

州都似为州大中正之异名,所以《晋书·刘毅传》说"司徒举毅为青州大中正",而后面却说:

由是毅遂为州都,铨正人流,清浊区别,其所弹贬,自亲贵者始。〔4〕

但是《太平御览》引晋《起居注》以州都大中正并称:

仆射诸葛恢启称:"州都、大中正,为吏部尚书及郎,司徒左长史属掾,皆为中正。臣今领吏部,请解大中正,以为都,中正,

〔1〕《魏书》,同,页三一一三二。
〔2〕《文献通考》,卷三六,页二一一二二。
〔3〕《太平御览引》,卷二六五,页七。
〔4〕《晋书》,卷四五,页九。

27

职局同,理不宜兼者也。"〔1〕

似又不是一个东西;再以北齐的官制来说,州大中正与州都官阶,也不相同,

> 《隋书·百官志》:"北齐制:诸州大中正视第五品,司州州
> 都视从第七品,诸州州都视第八品。"〔2〕

而州都的官品,却反与主簿相等。这不是一个很难解决的问题吗?不过我们要知道刘毅是西晋武帝时(公元 265—289)人,诸葛恢却是东晋元帝时(公元 317—322)人,这种矛盾,大概是由于时代不同,官制有了变革。当魏初立中正的时候,郡邑虽有中正,而州却止有一个州都。

> 《傅子》曰:"魏司空陈群始立九品之制,郡置中正,平次人
> 才之高下,各为辈目;州置都而总其议。"〔3〕

> 《应璩新论》:"百郡立中正,九州置都士。"〔4〕

西晋改州都为州大中正,于是州都、中正就新旧混称不辨了。

> 傅畅《自序》:"时请定九品,以余为中正。余以祖考历代掌州
> 乡之论,又兄宣年三十五,立为州都,今余以少年复为此任。"〔5〕

州大中正置于何时,虽无明文。却有一事,可为参考。就是《太平御览》引《晋书》干宝称晋宣帝除九品,置大中正。〔6〕中正的职务,就是评定九品,为什么说除九品置中正呢?《太平御览》又有一段如下:

---

〔1〕《太平御览引》,卷二六五,页八。
〔2〕《隋书》,卷二七,页二一一二二。
〔3〕《太平御览引》,卷二六五,页九。
〔4〕〔5〕同上,页一〇。
〔6〕同上,页八。

晋宣帝除九品州置大中正议曰：“案九品之状，诸中正既未能料究人才，以为可除九品，州置大中正。”〔1〕

大概宣帝的意思，是想不用九品铨序的方法，止每州设一个大中正主持选举的事务，是想折衷于汉代察举，和魏氏中正两种制度。这时曹羲还没有死，是宣帝还未执政，

曹羲《集九品议》曰：“伏见明论，欲除九品而置中正，欲检虚实，一州阔远，略不相识，访不得知，会复转访本郡先达者耳。此为问州中正，而实决于郡人。”〔2〕

不过仅是一种议案，实未施行。所以晋初如卫瓘一班人，还想废去九品官人之法。

《晋书·卫瓘传》：“瓘以魏立九品，是权时之制，非经通之道，宜复古乡举里选。”〔3〕

孙楚又有废去九品，而以州郡长守为中正的建议。

《孙楚集》：“奏曰：‘九品汉氏本无……魏武拔奇决于胸臆，收才不问阶次，岂赖九品而后得人？今可令长守为小大中正，各自品其编户也。’”〔4〕

魏晋之际的一班思想，在此可以看出。九品虽终究没有除掉，改置州大中正，大致是在这个时期以内。到了过江以后，据诸葛恢所言，是时已于中正之外，复置州都；北齐的制度，大概就是采取于此。我们在此又可以知道最初只有州都郡中正，州郡大小中正的完备，是西晋才有的。

---

〔1〕〔2〕《太平御览引》，卷二六五，页九。

〔3〕《晋书》，卷三六，页三。

〔4〕《太平御览引》，卷二六五，页九——一〇。

第三章　九品中正的利弊

九品中正的内容,既如前章所叙。这种制度的利弊,也可得而言。他的好处,固然也有;但是不好的地方,也就不少,所以生出许多的流弊来。现在且讲他的好处。我以为他的好处,约有下面几种:

(一) 注重乡里的清议

九品中正之设,原本于乡举里选的遗意。

《日知录》"清议"条:降及魏晋而九品中正之设,虽多失实,遗意未亡。凡被纠弹付清议者,即废弃终身,同之禁锢(原注《晋书·卞壶传》)。至宋武帝篡位,乃诏:"有犯乡论清议赃污淫盗,一皆荡涤洗除,与之更始。"自后凡遇非常之恩,赦文并有此语。(原注齐梁陈诏并云:"洗除先注。"当日乡论清议,必有记注之目。)《小雅》废而中国微,风俗衰而叛乱作矣。然乡论之污,至烦诏书为之洗刷,岂非三代之直道,尚在于斯民,而畏人之多言,犹见于变风之日乎![1]

所以他铨定等级的根据,便是乡论。乡论所贬,也就不为中正所品。不为中正所品,通常就不能入仕;就是已入仕者,也不能够升调。

《南史·陈庆之传》:"子暄以落魄嗜酒,不为中正所品,久

---

[1] 《日知录集释》,卷一三,页一一。

不得调。"〔1〕

这一点对于政治风俗，都有很大的利益，始起人人不敢为非。实际比较法律制裁的力量，还要利害。所以一被清议，每每就至于废弃终身。就是政府想体恤他，也有所不能。

> 《日知录》："陈寿居父丧，有疾，使婢丸药，客往见之。乡党以为贬议，坐是沉滞者累年。阮简父丧，行遇大雪寒冻，遂诣浚仪令。令为他宾设黍臛，简食之以致清议，废顿几三十年。温峤为司空使劝进，母崔氏固留之，峤绝裾而去。迄于崇贵，乡论犹不过也。每爵皆发诏。谢惠连先爱会稽郡吏杜德灵，及居父忧，赠以五言诗十余首。文行于时，坐废不豫荣伍。张率以父忧去职，其父侍妓数十人，善讴者有色貌，邑子仪曹郎顾玩之求聘焉，讴者不愿，遂出家为尼。尝因斋会率宅，玩之为飞书言与率奸，南司以事奏闻。高祖惜其才，寝其奏，然犹致世论，服阕后久之不仕。官职之升沉，本于乡评之与夺，其犹近古之风乎！"〔2〕

因此褒贬所加，足为劝励。

> 《晋书·卫瓘传》："与太尉亮上疏曰：'……其始造也，乡邑清议，不拘爵位，褒贬所加，足为劝励，犹有乡论余风。'"〔3〕

不仅是社会上一班人，有所顾惮；

> 《晋书·韩康伯传》："陈郡周勰为谢安主簿，居丧废礼，崇为老庄，脱落名教。伯领中正，不通勰议。曰：'拜下之风，犹违众从礼，情理之极，不宜以多比为通。'时人惮焉。"〔4〕

---

〔1〕《南史》，卷六一，页一四。
〔2〕《日知录集释》，卷一三，页一一。
〔3〕《晋书》，卷三六，页四。
〔4〕同上，卷七五，页三六。

就是穷凶极恶之人,也知有所敬畏。

《晋书·华恒传》:"初恒为州大中正,乡人任让无行,为恒所黜。及让在峻(苏峻)军中,任势多所杀害,见恒辄恭敬,不肆其害。"〔1〕

这都是注重乡论的好处。

(二) 铨定方法的详慎

中正铨定品第,先由访问求其行事,品第之后,又由大中正加以核实,大中正核实之后,司徒再可以不通过,已经算是精密了。并且品定以后,尚须时加检定,普通有三年一为清定之法。

《廿二史劄记》:"且石虎诏云:'魏立九品之制,三年一清定之,亦人伦之明镜也。先帝黄纸再定以为选举,今又阅三年,主者更铨定之。'是魏以来,尚有三年更定之例,初非一经品定,即终身不改易,更未尝不详慎也。"〔2〕

实际则随时可以进退,以求公允,枉遭沉滞之人,可以为之申理。

《晋书·何攀传》:"攀为梁益二州中正,引致遗滞,巴西陈寿阆人,犍为费立,皆为西州名士,并为乡间所谤,清议十余年,攀申明曲直,咸免冤滥。"〔3〕

即已服官之人,也可以随时贬黜。

《廿二史劄记》:"并有已服官而仍以清议升黜者:长史韩预强聘杨欣女为妻,时欣有姊丧未经旬,张辅为中正,遂贬预以清风俗(《辅传》)。陈寿因张华奏,已官治书侍御史,以葬母洛阳,不归丧于蜀,又被贬议,由此遂废(《寿传》)……是已入仕,尚须

---

〔1〕 同上,卷四四,页一六。
〔2〕《廿二史劄记》,卷八,页一一。
〔3〕《晋书》,卷四五,页一二。

时加品定，其法非不密也。"〔1〕

这种检定方法的详密，不能不承认为九品中正制度的一个优点。

（三）吏部官人的利便

人才的品定，即已付之中正，中正以所品定之状，上于尚书，尚书可以据状量人。

> 《魏书·崔亮传》："昔有中正，品其才第，上之尚书。尚书据状，量人授职，此乃与天下群贤共爵人也。"〔2〕

且将各人的行状，都已详载于选簿之中，临时不过加以斟酌损益而已。

> 《梁书·高祖本纪》："齐和帝中兴二年（公元 502）上表……曰：'故前代选官，皆立选簿，应在鱼贯，自有铨次，胄籍升降，行能臧否，或素定怀抱，或得之舆论，故得简通宾客，无事扫门。'"〔3〕

正是刘毅所说的"本立格制，谓人伦有序，若贯鱼成次，才德优劣，伦辈有首尾也。"所以比较平常为省事而利便，这也算是这种制度的一点好处。

九品中正的好处，大致如此。至于他的流弊，刘毅说他有八损。

> 《晋书·刘毅传》："毅以魏立九品，权时之制，未见得人而有八损……"〔4〕

其实他说得过于琐碎，要归纳起来，大概只有三点，就可以包括。但于三点之外，还有一点为刘氏所未道及，现在分四点叙之如下：

（一）是中正的威权过大

中正既操进退人才的大权，又无考校和赏罚以为制裁，自然不

〔1〕《廿二史劄记》，卷八，页一一。
〔2〕《魏书》，卷六六，页一六一一七。
〔3〕《梁书》，卷一，页二四。
〔4〕《晋书》，卷三五，页三一七。

免有徇私舞弊的情形发生。且中正本系选取一时物望,其本身大致都为贵族,则其所私专为贵游子弟,于是有"上品无寒门,下品无贵族"的结果。所以刘氏所举的(1)(3)(4)条,只是一个道理。现将刘氏原文附录如下:

(1)今立中正,定九品,高下任意,荣辱在手,操人主之威福,夺天朝之权势,爱憎决于心,情伪由于己,公无考校之负,私无告讦之忌。损政之道一也。

(3)今之中正,公以为格,坐成其私,君子无小人之怨,官政无绳奸之防,使得上欺明主,下乱人伦……推贵异之器,使在九品之下;负载不肖,越在成人之首。损政之道三也。

(4)委以一国之重,而无赏罚之防……使得纵横,无所顾惮,诸受枉者抱怨积久,独不蒙天地无私之德,长壅蔽于邪人之铨。损政之道四也。

这种流弊,在魏晋初年,已经不免。

《廿二史劄记》:"然进退人才之权,寄之于下,岂能日久无弊!晋武为公子时,以相国子当品乡里,莫敢与为辈,十二郡中正共举郑默以辈之(《默传》)。刘卞初入太学,当为四品台吏,访问欲令写黄纸一鹿车,卞不肯,访问怒,言于中正,乃退为尚书令史(《卞传》)。孙秀初为郡吏,求品于乡议,王衍将不许,衍从兄戎劝品之。及秀得志,朝士有宿怨者,皆诛,而戎衍获济(《戎传》)。何劭初亡,袁粲来吊,其子岐辞以疾。粲独哭而去,曰:'今年决下婢子品。'王铨曰:'岐前多罪时,尔何不下?其父新亡,便下岐品,人谓畏强易弱也(《劭传》)。'可见是时中正所品高下,全以意为轻重。"[1]

---

[1]《廿二史劄记》,卷八,页一一。

何况其后政治益发混乱,其流弊自然更不容说。所以弄到请托交行,只以势力为标准。

> 《晋书·熊远传》:"奏曰:'选官用人,不料实德,惟在白望,不求才干。乡举道废,请托交行,有德而无力者退,修望而有助者进,称职以违俗、见讥,虚资以从容见贵……'"〔1〕

计资定品,唯以居位为贵人。

> 《晋书·卫瓘传》:"其始造也……犹有乡论余风。中间渐染,遂计资定品,使天下观望,唯以居位为贵人,弃德而忽道业,争多少于锥刀之末,伤损风俗,其弊不细。"〔2〕

台司与中正狼狈为奸,真真成了奸府了。

> 《魏书·孙绍传》:"表曰:'中正卖望于下里,主案舞笔于上台,真伪混淆,知而不纠。'"〔3〕

(二) 是中正的精力不够

我们知道中正都是兼职,他只能以供职的余闲,来做这种工作。而他所管辖大至一州,小也有一邑,有时还要兼领几处,教他如何照顾得来!并且身居朝廷之中,又何能尽知乡人的行止?虽然一月也有几次会议。

> 《太平御览》引《晋令》云:"大小中正为内官者,听月三会议上东门外,设幔陈席。"〔4〕

但也不过是"采声于台府,纳毁于流言"罢了。所以刘氏所举(2)(5)两条,也只是一个原因。现照录如下方:

> (2) 置州都者,本取州里清议,咸所归服,将以镇异同,一

---

〔1〕《晋书》,卷七一,页七一八。
〔2〕同上,卷三六,页四。
〔3〕《魏书》,卷七八,页一一二。
〔4〕《太平御览》,卷二六五,页八。

言议,不谓一人之身,了一州之才……所立品格,还访习伎……使是非之论,横于乡里;嫌仇之隙,结于大臣。损政之道二也。

(5) 今一国之士,多者千数,或流徙异邦,或取给殊方……而中正知与不知,其当品状,必采声于台府,纳毁于流言。任已则有不识之弊,听受则有彼此之偏,所知者以爱憎夺其平,所不知者以人事乱其度。损政之道五也。

这种流弊最大的,是领辖过大而人物不能尽识。

应璩《新论》:"百郡立中正,九州置都士,州闾与郡县,希疏如马齿,生不相识面,何缘别义理。"[1]

又或身处朝内,与乡里初不相接。

《荀勗集》:"表让豫州大中正曰:'被以臣为豫州大中正,臣与州闾乡党,初不相接。臣本州十郡,方于他州,人数倍多。品藻人物,以正一州清论,此乃臧否之本,风俗所重……'"[2]

要他能够公平,是绝对不容易的事。所以安定中正的蔽善抑才,也或非出于本心,而为事实所不能免的了。

(三) 是中正所立品状的不当

中正对于一人的品状,不过一两句话,如王济状孙楚说:"天才英博,亮拔不群。"实际非常空洞,到底他做得什么,仍然是很懵懂的。并且品状两者的性质不同:品是论行,状是论才,所以有品虽高而状最下的,也有状虽好而品不高的。

《魏志·常林传》注引《魏略》:"吉茂同郡护羌校尉王琰子嘉……冯翊郡移嘉为中正,嘉叙茂虽在上第而状甚下,云:'德

---

〔1〕〔2〕《太平御览》,卷二六五,页一〇。

优能少。'"〔1〕

但是九品的次第,却专以品为主,其弊不免偏重了品。况且后来所谓品,仅是一个门望,更不免崇虚名而抑实功的流弊。刘氏所举(6)(7)两条,正是这种道理。

(6)凡所以立品设状者,求人才以理物也。非虚饰名誉,相为好丑……今则反之,于限当报,虽职之高,还附卑品;无绩于官,而获高叙;是为抑实切而隆虚名也。损政之道六也。

(7)凡官不同事,人不同能……今九品不状才能之所官,而以九等为例,以品取人,或非才能之所长,以状取人,则为本品之所限。若状得其实,犹品状相妨……损政之道七也。

至于刘氏第8条所说,虽全非立制之不善。

(8)前九品诏书,善恶必书,以为褒贬。……今之九品,所下不彰其罪,所上不列其善,废褒贬之义,任爱憎之断。……天下人焉得不懈德行而锐人事?损政之道八也。

也因为中正所立品状,本来就很空泛,而又专以品为主,其后遂专以门阀为高下,自无善恶可书。实际也都由于品状的不当。这种品重状轻专重门阀的品状,也不知道埋没了多少有用的人才?

《晋书·段灼传》:"上表曰:'今台阁选举,徒塞耳目,九品访人,唯问中正,故据上品者,非公侯之子孙,则当途之昆弟也。二者苟然,则筚门蓬户之俊,安得有不陆沉者哉?'"〔2〕

其流弊又不仅是任爱憎之私了。

---

〔1〕《三国志》,卷二三,页五。
〔2〕《晋书》,卷四八,页一四。

（四）是中正产生方法的不好

这一点在第二章已经讲到，中正既多由少数显贵所推举，自然也多为显贵的人物。并且这种人又多不与里间人士相接，他所品选，自然不会有寒素侧足的余地。我们读《王暕传》：

《梁书·王暕传》："暕，名公子，少致美称，及居选曹，职事修理。然世显贵，与物多隔，不能留心寒素，众颇谓为刻薄。"[1]

便可了然。所以结果遂成"凡厥衣冠，莫非二品，自此以还，遂成卑庶"了。

《宋书·恩幸传》："论汉末丧乱，魏武始基，军中仓卒，权立九品，盖以论人才优劣，非以为世族高卑。因此相沿，遂为成法。自魏迄晋，莫之能改。州都郡正，以才品人，而举世人才，升降盖寡。徒以凭藉世资，用相凌驾，都正俗士斟酌时宜品目多少，随事俯仰，刘毅所谓"下品无高门，上品无贱族"者也。岁月迁讹，斯风渐笃，凡厥衣冠，莫非二品，自此以还，遂成卑庶……"[2]

这种制度的弊病，大致就是这四点，而一切的流弊，都由这四点发出，以至养成六朝专重门阀的恶习。我们平心而论，创立这种制度的时候，其用意未尝不好；但他只知道乡里清议的可贵，而不知假之威权过大，清议会成私意。他只知道检定手续的完备，与选用的利便，而没有想到品状的不当。既没有留意产生方法的不健全，又没有想到中正的精力有所不够。因此遂至流弊百出，结果连乡举里选的遗意，都全行丧失。不过大凡一种制度在初行的时候，总是慎重将事，把各种优点都能表现出来。一到后来，就现出流弊了。也

---

[1]《梁书》，卷二一，页六。
[2]《宋书》，卷九四，页一。

不仅是这种制度如此。我们看当这种制度初行的时候,对于中正的人选,非常慎重,所以中正也有许多能够秉正不阿的。比如北魏自太和(公元477)以前精选中正每多缺而不置,当时称为简当。晋时卫瓘也说初立中正,不拘门户,颇有乡论余风。在那时候中正铨定各人品第,也就觉得很谨严。大概进到二品,是很不容易的。所以《刘毅传》特说"自二品以上":

> 《晋书·刘毅传》:"司徒举毅为青州大中正,尚书以毅悬车致仕,不宜劳以碎务。陈留相乐安孙尹表请曰:'臣州茂德惟毅,越毅不用,则清谈倒错矣。'于是青州自二品以上,任凭毅取正。光禄勋石鉴等共奏曰:'前被司徒符,当杀举州大中正,金以光禄大夫毅纯孝至素,著在乡里……'由是毅遂为州都,铨正人流,清浊区别,其所贬弹,自亲贵者始。"[1]

又如燕国中正刘沈进霍原为二品,司徒不过。张华素重张轨以为安定中正蔽其善,乃为延誉,也仅得为二品。而温峤、邓攸都举灼然二品。

> 《晋书·温峤传》:"举秀才灼然二品,司徒辟东阁祭酒。"[2]

> 《邓攸传》:"举灼然二品,为吴王文学。"[3]

可见当时二品还不易得。所以还有三品的中正。

> 《晋书·陈颖传》:"解结问僚佐曰:'河北白壤高粱,何故少人士,每以三品为中正?'"[4]

而到后来却是"凡厥衣冠,莫非二品"。这一方面可以表示六朝好尚门阀的风气逐渐的膨涨,而另一方面也正可见九品中正的制度逐渐的腐败。

---

〔1〕《晋书》,卷四五,页八一九。
〔2〕《隋书》,卷六七,页一。
〔3〕《晋书》,卷九〇,页一三。
〔4〕同上,卷七一,页一三。

第四章　六朝门阀造成的原因

周代世卿的制度，经过战国长期的混乱，早已完全消灭。就是秦汉两代，社会上除了奴隶和贾人赘婿，偶为当时所贱视以外，一班平民也都没有什么阶级的痕迹。但是到了六朝发生专重门阀的风气，于是社会上又有一种士庶的阶级产生。这种专重门阀的士庶阶级，为什么会产生？我以为大致有一种远因和四种近因。远因是什么？就是在两汉时候，在社会上虽没有阶级的区别，却于无形中有了一种重视世族的趋向。

> 《南齐书·褚渊王俭传》："论自金张世族，袁杨鼎贵，委质服义，皆由汉氏，膏腴见重，事起于斯。"[1]

这种情形，在东汉比较的更为显明。就是当时的贡举，已经也不免有了偏重门阀的流弊。

> 《后汉书·章帝本纪》："建初二年(公元78)诏曰：'夫乡举里选，必累功劳。今刺史守相，不明真伪……甚无谓也。每寻前世举人，贡士，或起畎亩，不系阀阅……朕甚嘉之。'"[2]

> 《韦彪传》："是时陈事者率言郡国贡举，率非功次……彪乃

---

〔1〕《南齐书》，卷二三，页一〇。
〔2〕《后汉书》，卷三，页三。

上疏曰：'士宜以才行为先，不可纯以门阀。'"〔1〕

六朝门阀的养成，固然还有其他重要的原因，汉末的这种倾向，实给他以不少的影响。至于他的四种近因是什么？我谨依序道来：

（一）由于九品中正的流弊

前章所讲九品中正的流弊，共有四种。这四种流弊的结果，便是一班显贵世族，把持了政治社会上的一切，

《廿二史劄记》："……可见当时中正所品高下，全以意为轻重……真所谓上品无寒门，下品无贵族，高门华阀，有世及之荣；庶姓寒人，无寸进之路；选举之弊，至此而极。然魏晋及南北朝三四百年，莫有能改之者，盖当时执政者，即中正高品之人，各自顾其门户，固不肯变法；且习俗已久，自帝王以及士庶，皆视为固然而无可如何也。"〔2〕

以致养成先白望而后实事的风气。

《晋书·陈颛传》："与王导书曰：'中华所以倾弊，四海所以土崩者，正以取才失所，先白望而后实事。浮竞驱驰，互相贡荐，言重者先显，言轻者后叙，遂相波扇，乃至凌迟。'"〔3〕

遂使中正舍了区别人伦的本职，去辨天下氏族。

《魏书·崔挺传》："诸州中正本在论人，高祖将辨天下氏族，仍亦访定。"〔4〕

以后中正所铨，专是门第的高下，

《魏书》："世宗正始二年（公元504）诏曰：'任贤明治，自昔

---

〔1〕《后汉书》，卷五六，页一六。
〔2〕《廿二史劄记》，卷八，页一一一一二。
〔3〕《晋书》，卷七一，页一三。
〔4〕《魏书》，卷五七，页七。

通规，宣风赞务，实维多士。而中正所铨，但存门第，吏部彝伦，仍不才举，遂使英德罕升，司务多滞。'"[1]

《崔亮传》："刘景安书规亮曰：'殷周以乡塾贡士，两汉以州郡荐才，魏晋因循，又置中正。谛观在昔，莫不审举。虽未尽美，还应十收六七，而朝廷贡才，只求其文，不取其理，察孝廉唯论章句，不及治道；立中正不考人才，行业，空辨氏族高下。'"[2]

而一切位官高卑，都以家牒为断。

《南史·王僧孺传》："入直西省，知撰谱事。先是尚书令沈约以为：'晋咸和初（公元326），苏峻作乱，文籍无遗；后起咸和二年（公元327）以至于宋，所书并皆详实，在下省左户曹前厢，谓之晋籍……位官高卑，皆可依据。'"[3]

于是门高的便平流进取，坐至公卿。

《南齐书·褚渊王俭传论》："自是世禄之盛，习为旧准，羽仪所隆，人怀美慕，君臣之节，徒致虚名，贵仕素资，皆由门庆，平流进取，坐至公卿。'"[4]

门寒的连僚佐，都不敢当。

《北齐书·樊逊传》："大司马、襄城王旭欲命府僚，崔暹指逊可为参军。逊曰：'家无荫第，不敢当此。'……左仆射杨愔辟逊为其府佐。辞曰：'门族寒陋，访第必不成。'"[5]

所以门第就成了社会上一种特别的位置，公然每以"才地"两字并称。

[1]《魏书》，卷八，页八。
[2] 同上，卷六六，页一六一一七。
[3]《南史》，卷五九，页二〇。
[4]《南齐书》，卷二三，页一〇。
[5]《北齐书》，卷四五，页一〇。

《南史·王僧达传》："自负才地，三年间便望为宰相。"[1]

《王劢传》："张缵嘉其风采，乃曰：'王生才地，岂可游外府乎?'"[2]

而士庶也因此就成了两个绝对不同的阶级。

《宋书·王弘传》："诸议云：'士庶缅绝，不相参知。'又曰：'至于士庶之际，实自天隔。'"[3]

可见六朝门阀的造成，自然以此为一个重要原因。

(二) 由于社会思想的迁变

社会思想，固然每多为社会上的风气浸染而成；但是这种思想凝成以后，却每能给社会以很大的影响。我前面说过在东汉社会上已经渐有重视世族的趋向。这种趋向，却使社会思想随着起了变化。因为世族之所以见重，也自有他可重的地方。即如东京袁杨自袁安杨震以下，累世都颇能以名节自立，不坠家风。

《后汉书·杨震传》："自震至彪，四世太尉，德业相继，与袁氏俱为东京名族云。"[4]

因此遂为社会所瞻仰，而无形中有了趋重世族的倾向。

《杨震传》："曹操收彪下狱，将作大匠孔融闻之，不及朝服往见操曰：'杨公四世清德，海内所瞻。'"[5]

其后渐染成风，社会上一班人士便公认世家子弟为德行纯笃的人物。

《魏书·韩显宗传》："高祖曾诏百官曰：'近代以来，高卑出

---

〔1〕《南史》，卷二一，页六。

〔2〕同上，卷二三，页三三。

〔3〕《宋书》，卷四二，页一七。

〔4〕《后汉书》，卷八四，页一一○。

〔5〕同上，页一九。

身,恒有常分。朕意一以为可,复以为不可,宜相与量之。'李冲曰:'未审上古以来,置官列位,为欲为膏粱儿地?为欲益治赞时?'高祖曰:'俱欲为治。'冲曰:'若欲为治,陛下何为专崇门品,不有拔才之诏?'高祖曰:'苟有殊人之拔,不患不知。然君子之门,假使无当时之用者,要自德用纯笃,朕是以用之。'"〔1〕

以为寒士虽有特出之才,总是最少,可以视为例外。

《魏书·刘昶传》:"高祖曰:'或言唯能是寄,不必拘门,朕以为不尔……正恐贤才难得,不可止以一人浑我典制。'"〔2〕

又《韩显宗传》:"李冲曰:'傅岩吕望,岂可以门见举?'高祖曰:'如济世者希,旷代有一两人耳。'"〔3〕

就是偶有才具,也多属无行之流。

《宋书·吴喜传》:"喜未死一日,上与刘勔、张兴世、齐王绍曰:'吴喜出自卑寒,少被驱使,利口佞诈,轻狡万端。'"〔4〕

所以一班人以为门高即为品高,门寒即为才劣。举人必先称他门第之高,

《陈书·世祖本纪》:"新安太守陆山才有启荐梁前征西从事中郎萧策,梁前尚书中兵郎王暹,并世胄清华,羽仪著族,或文史足用,或孝德可称……"〔5〕

罪人也必先数他出身之贱。

《宋书·羊玄保传》:"诏曰:'希卑门寒士,累世无闻,轻薄

---

〔1〕〔3〕《魏书》,卷六〇,页一二—一三。

〔2〕同上,卷五九,页四。

〔4〕《宋书》,卷八三,页八。

〔5〕《陈书》,卷三,页九。

多衅,备彰历职……可降号横野将军。'"〔1〕

因此高门寒士,不仅是贵贱之别,直认为贤愚之分。这种思想对于六朝门阀的养成,实际也要算一个重要原因。

(三) 由于经济制度的更动

在两汉时候,人民的负担,无论贵贱,差不多很是平等。所以丞相之子,也不得蠲免户课。

> 《通志·选举略》:"唐德宗时礼部员外郎沈既济议曰:'汉王良以大司徒免归兰陵,后光武巡幸,始得复其子孙邑中繇役。丞相之子,不得蠲户课。'"〔2〕

到西晋初年(公元280)却起了绝大的变化。凡是士流,不仅是可以荫其一切亲属,不纳赋税;还可荫人以为衣食客及佃客。

> 《晋书·食货志》:"平吴之后,制户调之式:……其官品第一至于第九,各以贵贱占田。……而又各以品之高卑,荫其亲属,多者及九族,少者三世,宗室国宾先贤之后,及士人子孙亦如之。而又得荫人以为衣食客及佃客:品第六以上得衣食客三人,第七第八品二人,第九品一人。其应有佃客者,官品第一第二者佃客无过五十户,第三品十户,第四品七户,第五品五户,第六品三户,第七品二户,第八品第九品一户。"〔3〕

于是就成了一种以贵役贱的定制。

> 《宋书·恩幸传论》:"周汉之世,以智役愚,台隶参差,用成等级;魏晋以来,以贵役贱,士庶之科,较然有别。"〔4〕

---

〔1〕《宋书》,卷五四,页八。
〔2〕《通志》,卷五九,页二七,浙江书局本(下同)。
〔3〕《晋书》,卷五八,页二。
〔4〕《宋书》,卷九四,页一。

这种制度的更动,固然不免受了当时重视世族的影响,但自有了此制以后,社会上的阶级,便铸成了定型。于是寒门贵族不仅是贵贱贤愚的不同,又加了一重经济上的保障,贫富也迥然不同。这也可算是促成六朝门阀的近因之一。

(四) 由于民族迁徙的标榜

六朝门阀的成功,前面已叙了三种近因。其实最近的原因,还要算是民族迁徙以后的互相标榜。六朝所谓郡望,完全由此而起。自从西晋遭了五胡之乱,人民流离转移的已经不少;至元帝南渡,中原士大夫随而过江者尤更仆难数。这时元帝初到江东,不能不倚赖中原人士以图恢复,于是一班世族遂峤然自表;而且素来轻视吴人。

> 《晋书·周处传》:"周处吴人,有怨无援。"[1]

> 《通鉴》:"王彰谏成都王颖曰:'陆机吴人,殿下用之太过,北土旧将皆疾之。'"[2]

又兼以思复旧土;乃群以中原旧望相招号。

> 《宋书·律志序》:"自戎狄内侮,有晋东迁,中土遗氓,播徙江外……百郡千城,流寓比屋,人伫鸿雁之歌,士蓄怀本之志,莫不各树邦邑,思复旧井。"[3]

而陷于北方的士族,既不肯沦为异族;北魏初有中原,对于一班士大夫,也不能不特别抚纳,因此中原士族,便也峤然自表起来。于是便有侨姓吴姓郡姓虏姓之分。

> 《新唐书·柳冲传》:"魏氏立九品,置中正,尊世胄,卑寒士,权归右姓……晋宋因之,始尚姓已。过江则为侨姓,王、谢、

---

〔1〕《晋书》,卷五八,页二。
〔2〕《资治通鉴》,卷八五,页九,四部备要本(下同)。
〔3〕《宋书》,卷一一,页三。

袁、萧为大；东南则为吴姓，朱、张、顾、陆为大；山东则为郡姓，崔、卢、李、郑为大；关中亦号郡姓，韦、裴、柳、薛、杨、杜首之；代北则为虏姓，元、长孙、宇文、于、陆、源、窦首之。"[1]

侨姓、吴姓，为南朝华阀。侨姓为中原士大夫过江者自己表异而成，吴姓则由江左人士与中原旧族抗衡而起。因为晋室东渡以后，政权仍然在少数中州人士的手里，吴人以地主的资格，反不得与比，所以不甘居于中州人士之下。周玘因此有拥戴南士之谋，

《晋书·周玘传》："玘宗族强盛，人情所归，帝疑惮之。于时中州人士佐佑王业，而玘自以为不得志，内怀怨望。复为刁协轻之，耻恚愈甚。时镇东将军祭酒东莱王恢，亦为周顗所侮，乃与玘阴谋诛诸执政，推玘及戴若思诸南士共奉帝以经纬世事。谋泄，玘忧愤发背而卒。将卒，谓子勰曰：'杀我者诸伧，子能复之，乃吾子也。'吴人谓中州人曰伧，故云耳。勰字彦和，常缄父言，时中土亡官失土之士，避乱来者多居显位，驾御吴人，吴人颇怨。勰因之欲起兵，豪杰乐乱者翕然附之。元帝以周氏弈世豪望，吴人所宗，故不穷治，抚之如旧。"[2]

丘灵鞠甚至欲掘顾荣冢，其愤愤不平，可以概见。

《南史·丘灵鞠传》："永明二年（公元 484），领骁骑将军。灵鞠不乐武位，谓人曰：'我应还东掘顾荣冢，江南地方数千里，士子风流皆出此中，顾荣忽引诸伧辈度（江），妨我辈涂辙，死有余罪。'"[3]

可见吴姓的成功，是由北人轻视南士，而南士又与北人不相下的两

〔1〕《新唐书》，卷一九九，页一八—一九，五洲同文局石印本（下同）。
〔2〕《晋书》，卷五八，页五一八。
〔3〕《南史》，卷七二，页三。

种原因混合而成。假使没有民族的迁徙,门第姓族的界限,当不如是的利害。至于郡姓虏姓,都是北方贵族。郡姓由中原土著自相推许以自别于异族,最初不过社会上一时之风气,逐渐就得了政治上的位置。

> 《通鉴》:"魏主雅重门族,以范阳卢敏,清河崔宗伯,荥阳郑羲,太原王琼四姓,衣冠所推,咸纳其女以充后宫。陇西李冲以才识见任,当朝贵重,所结姻娅,莫非清望,帝亦以其女为夫人。……时赵郡诸李,人物尤多,各盛家风,故世之言高华,以五姓为首。"[1]

于是更以在政治上的资格,规为四姓的定制。

> 《新唐书·柳冲传》:"郡姓者,以中国士人差第门阀为之制:凡三世有三公曰膏粱,有令仆者曰华腴,尚书领护而上者为甲姓,九卿若方伯者为乙姓,散骑常侍大中大夫者为丙姓,吏部正员郎为丁姓,凡得入者谓之四姓。北齐因仍,举秀才、州主簿、郡功曹,非四姓不在选。"[2]

至于唐人所谓虏姓,在北朝本为国姓。原先本无姓族的区别,因为土著的华族,已先有了尚姓的习惯,他们既与华族同处,为风气所渐染,所以也不能不讲究姓族起来。

> 《魏书·百官司志》:"太和十九年(公元495)诏曰:'代人诸胄,先无姓族,虽功贤之胤,混然未分。故官达者,位极公卿,其功衰之亲,仍居猥任。比欲制定姓族,事多未究。且宜斟酌,随时见铨。其穆、陆、贺、刘、楼、于、嵇、尉八姓,皆太祖以降,勋著当世,位尽王公,灼然可知者,且下司州吏部,勿充猥官,一同

〔1〕《资治通鉴》,卷一四〇,页一四——五。
〔2〕《新唐书》,卷一九九,页一九。

四姓。自此以外，应班士流者，寻续别敕。原出北土旧为部落大人，自皇始以来有三世官至给事已上，及州刺史镇大将，及品登王公者为姓。若本非大人，而皇始已来职官三世尚书已上，及品登王公而中间不降官绪，亦为姓。诸部落大人之后而皇始已来官不及前列，而有三世为中散监已上，外为太守子都，品登子男者为族。若非大人而皇始已来三世有令已上，外为副将子都太守，品登侯已上者，亦为族……'"〔1〕

其起源都由于民族的迁徙，与迁徙以后的互相标榜。所以这是构成六朝门阀一个最近的主因。

造成六朝门阀的四个近因，以上都大约叙过了。以外还有两种风气，与六朝的门阀，也颇有互为因果，互相影响的关系。第一是尚清谈。这种风气的成功，有人说是鉴于汉末的党祸。

《黄氏日钞》："士大夫风俗自东汉以激烈取祸，一转而为虚旷，宅心事外，自谓纤尘不染矣。然王夷甫诸人，卒以此取排墙之难。"〔2〕

也有人说是由于魏文帝的好慕通达。

《日知录集释》潜邱阎氏曰："按晋世祖泰始元年乙酉（公元265），以傅玄为谏官，上疏曰：'近者魏武好法术而天下贵刑名，魏文慕通达而天下贱守节，其后纲维不摄，放诞盈朝，遂使天下无复清议。'是致毁方败常之俗，魏文非魏武也。清谈之风，一盛于王何，再盛于嵇阮，三盛于王乐，而晋亡矣。然其端则自文帝始，此亦论世者之不可不考也。"〔3〕

---

〔1〕《魏书》，卷一一三，页四〇—四一。
〔2〕《黄氏日抄分类》，卷四八，页二，新安珠树堂本（下同）。
〔3〕《日知录集释》，卷一三，页三。

我们暂且不论。不过自从正始(公元240)以后,这种好尚清谈的风气,极为一班人所倾倒。

> 《日知录》:"魏明帝殂,少帝即位(原注:史称齐王),改元正始。……一时名士风流,盛于洛下。……自此以后,竞相祖述:如《晋书》言王敦见卫玠,谓长史谢鲲曰:'不意永嘉之末,复闻正始之音!'沙门支遁以清谈著名,于时莫不崇敬,以为造微之功,足参诸正始。《宋书》言羊元保二子,太祖赐名曰'咸'与'粲',谓元保曰:'欲令卿二子有林下正始余风。'王微与何偃书曰:'卿少陶元风,淹雅修畅,自是正始中人。'《南齐书》言袁粲言于帝曰:'臣观张绪有正始遗风。'《南史》言何尚之谓王球:'正始之风尚在。'其为后人企慕如此。"〔1〕

则其为社会重视,可以想见。所以清谈之辈,无不名重海内。

> 《晋纪总论》:"其倚杖虚旷,依阿无心者,皆名重海内。"〔2〕

但是这种清谈的习尚,大致多系贵游子弟,决非寒人的生活,是重视清谈的风气,也颇有促成专重门阀的趋向。第二是美容止。这种风气,有人以为由于晋尚门第而起。

> 屠隆《鸿苞节录》:"晋重门第,好容止,崔、卢、王、谢子弟,生发未燥,已拜列侯,身未离襁褓,而业被冠带;肤清神朗,玉色令颜,缙绅公言之朝端,吏部至以此臧否。士大夫手持粉白,口习清言,绰约嫣然,动相夸许;鄙勤朴而尚摆落。晋竟以此云扰。"〔3〕

其实本与清谈的风气相伴而生,魏时一班名士,早有此风,

---

〔1〕《日知录集释》,卷一三,页四。
〔2〕《晋纪》,卷一,页一,广雅书局汤辑本。
〔3〕《鸿苞节录》,卷一,页四八,章邱县署刻本。

《魏志·何晏传》注引《魏略》:"晏性自喜,动静粉帛不去
手,行步顾影。"〔1〕

《世说·容止》一篇,可以作这种风气的代表。清谈名家如王夷甫、
卫玠诸人,都以容止见美。

《世说新语》:"王夷甫容貌整丽,妙于谈玄,捉白玉柄麈尾,
与手都无分别。又云:骠骑王武子是卫玠之舅,俊爽有风姿,见
玠辄曰:'珠玉在侧,觉我形秽。'"〔2〕

所谓"手持粉白,口习清言",正是名士风流,也正是贵人模样。

《南齐书·陈显达传》:"谓其子曰:'麈尾扇是王谢家物,许
汝不须捉此。'"〔3〕

所以这两种风气,都有促成六朝门阀的功能。不过门阀的习惯
既成了以后,对于这种风气,又有不少影响,使起这种风气能够长久
保持而有时或更愈为利害,倒像似乎由门第造成的了。

---

〔1〕《三国志》,卷九,页一九。
〔2〕《世说新语》,卷下上,页二一三,龙溪精舍丛书本。
〔3〕《南齐书》,卷二六,页九。

第五章　六朝门阀的实际情形

六朝门阀成功以后,差不多贵族与寒门为社会上公认的两个阶级。

《南史·王球传》:"时中书舍人徐爰有宠于上,尝命球及殷景仁与之相知。球辞曰:'士庶区别,国之章也。臣不敢奉诏。'上改容谢焉。"[1]

并且于这两个阶级之中,还有许多等级的差别。

《魏书·刘昶传》:"高祖曰:'我今八族以上,士人品第有九;九品之外,小人之官,复有七等。'"[2]

所以又有次门、役门、三五门种种的名称。

《宋书·宗越传》:"家本为南阳次门……安北将军赵伦之镇襄阳……使长史范觊之条次氏族,辨其高卑,觊之黜越为役门。"[3]

《武念传》:"本三五门,出身郡将。"[4]

就是同为高门,也有差等。大致北地的崔、卢和南朝的王、谢,比较任何高门都还要高些,这可以看出郡姓和虏姓,侨姓和吴姓,也都不是

---

[1]《南史》,卷二三,页一八。
[2]《魏书》,卷五九,页四。
[3]《宋书》,卷八三,页一。
[4]《宋书》,卷八三,页三。

一律平等。最鲜明的是吴姓在政治上的地位,总不能与侨姓相比。

《南史·沈文季传》:"齐武帝谓文季曰:'南土无仆射,多历年所。'对曰:'南风不竞,非复一日。'"[1]

《张率传》:"梁武帝谓曰:'秘书丞天下清官,东南望胄,少有为之者。'"[2]

所以朱、张的门户,终不及于王、谢。

《南史·侯景传》:"又请娶于王、谢。帝曰:'王、谢门高非偶,可于朱、张以下访之。'"[3]

就是撰谱的人,也将东南诸族,别为一部,都是这种表示。

《南史·王僧孺传》:"僧孺之谮,通范阳张等九族,以代雁门解等九姓。其东南诸侯,别为一部,不在百家之数焉。"[4]

其实这种等级的分别,还不足怪。就是同一侨姓之中,也有早晚渡江的不同。

《宋书·杜坦传》:"臣本中华高族,亡曾祖晋氏丧乱,播迁凉土,世叶相承,不殒其旧,直以南渡不早,便以荒伧赐隔。"[5]

并且同族之中,还有郡望的差异,所以崔悛至以清河之崔,而菲薄博陵之崔。

《北齐书·崔悛传》:"每以籍地自矜,谓卢元明曰:'天下盛门,唯我与尔,傅崔赵李,何事者哉?'崔暹闻而衔之。"[6]

按崔暹为博陵人,世号东崔。

---

〔1〕《南史》,卷三七,页三。
〔2〕同上,卷三一,页一六。
〔3〕同上,卷八〇,页五。
〔4〕同上,卷五九,页二〇—二一。
〔5〕《宋书》,卷六五,页四。
〔6〕《北齐书》,卷二三,页七。

《魏书·高阳王雍传》:"元妃卢氏薨,后更纳博陵崔显妹,甚有色宠,欲以为妃。世宗以博陵崔氏,世号东崔,地寒望劣,难之,久乃听许。"〔1〕

其实博陵之崔,也是北方大族。

《北齐书·崔逞传》:"博陵安平人,汉尚书寔之后也,世为北州著姓。"〔2〕

不过比清河之崔,又稍微不及。由族望而生郡望,已觉无谓。

杨慎《丹铅总录》:"姓氏书以姓配郡望,甚为无谓。虚高族望,起于江南……其后河北亦效尤,以崔、卢为首,比江东之王、谢。薛宗起不得入郡姓,至碎戟争于帝前,乃取入郡姓。今之百家郡望,起于元魏,胡虏之事,何足为据也!"〔3〕

甚至同一郡望之中,复有房望之分。

《新唐书·高士廉传》:"后魏太和(公元 477—499)中,定四海望族,以陇西李宝等为冠,其后矜尚门地,故《氏族志》一切降之。……后房元龄、魏徵、李勣复与昏,故望不减。然每姓第其房望,虽一姓中,高下县隔。"〔4〕

所以乌衣诸王,又不及其他房的声望。

《南齐书·王僧虔传》:"时迁御史中丞,领骁骑将军。甲族向来多不居宪台,王氏以分支居乌衣者位官微减,僧虔为此官,乃曰:'此乌衣诸郎坐处,我亦可试为耳。'"〔5〕

这种门阀分别之严,真为他时所少见。因此高门盛族,好以门户自

〔1〕《魏书》,卷二一上,页二五。
〔2〕《北齐书》,卷三〇,页一。
〔3〕《丹铅总录》,卷一〇,页二〇,钱塘陈凯校本。
〔4〕《新唐书》,卷九五,页四。
〔5〕《南齐书》,卷三三,页一。

矜,崔悛谓卢元明:"天下盛门,唯我与尔。"荀伯子也对王弘说:"天下膏腴,唯使君与下官。"可见早已习为固然。

> 《宋书·荀伯子传》:"伯子常自矜荫籍之美,谓王弘曰:'天下膏腴,唯使君与下官耳。宣明之徒,不足数也。'"[1]

宜乎偶有不矜门第之人,便已称为一时盛德之事了。

> 《南史·何点传》:"明目秀眉,容貌方雅,真素通美,不以门户自矜。"[2]

> 《宋书·羊欣传》:"会稽王世子元显每使欣书,常辞不奉命,元显怒乃以为其后军府舍人。此职本用寒人,欣意见恬然,不以高卑见色,论者称焉。"[3]

就是在寒门方面,也自承认这种门次的差等。

> 《宋书·宗越传》:"本南阳次门,……范觊之黜越为役门,后立军功启宋文帝,求复次门。"[4]

所以王敬则与王俭同日拜三公,便自以为分外之荣。

> 《南史·王敬则传》:"后与王俭俱即本号开府仪同三司。时徐孝嗣于崇礼门侯俭,因嘲之曰:'今日可谓连璧。'俭曰:'不意老子遂与韩非同传。'人以告敬则。敬则欣然曰:'我南沙县吏,侥幸得细铠左右,逮风云以至于此,遂与王卫军同日拜三公,王敬则复何所恨!'了无恨色。朝士以此多之。"[5]

在当时社会上这种门次的差等,早已成为定格,以是寒门贵族在社会上的位置,无事没有差别。最显著的有下列两种情形:

---

[1]《宋书》,卷六〇,页一四。
[2]《南史》,卷三〇,页九。
[3]《宋书》,卷六二,页一。
[4] 同上,卷八三,页一。
[5]《南史》,卷四五,页五。

（一）在政治上位置的差别

世族寒门在政治上的位置，迥乎不同。自从他们出身的时候，便有迟早高下的分别。

《梁书·高祖本纪》："齐和帝中兴二年（公元 502）上表曰：'且闻中间立格，甲族以二十登仕，后门以过立试吏。'"[1]

大致甲族出身，多为秘书郎及著作郎。

《南史·张缵传》："秘书郎有四员，宋齐以来，为甲族起家之选，待次入补其职。例数十日，便迁任。"[2]

徐坚《初学记》："秘书郎与著作郎，江左以来多为贵游起家之选，故当时谚曰：'上车不落为著作，体中何如则秘书?'"[3]

凡是秘书黄散一类清要的位置，全为甲族所据。

《南史·张率传》："秘书丞，天下清官，东南望胄，少有为之者"（见前）。

又《刘孝绰传》："迁秘书丞。武帝谓舍人周舍曰：'第一官当知用第一人，故以孝绰居此职。'"[4]

《陈书·蔡凝传》："高宗尝谓凝曰：'我欲用义兴主婿钱肃为黄门郎，卿意如何?'凝正色对曰：'……若格以佥议，黄散之职，故须人门兼美，唯陛下裁之!'"[5]

就是东宫官属，也都全用甲族，

《梁书·庾于陵传》："旧事东宫官属，通为清选；洗马掌文

---

〔1〕《梁书》，卷一，页二四。
〔2〕《南史》，卷五六，页六。
〔3〕《初学记》，卷一二，页二三，明刻本。
〔4〕《南史》，卷三九，页一五。
〔5〕《陈书》，卷三四，页二二。

翰,尤其清者。近世用人,皆取甲族有才望。"〔1〕

至于仆射以上显要之职,南士从来少为,更非甲族不可。所以甲族居官,大致以清要为高,就是台郎而非清要的地位,也都非甲族所愿居。

> 《宋书·江智深传》元嘉(公元四二四—四五三)末,除尚书库部郎。时高流序官,不为台郎,智深门孤援寡,独有此选,意甚不悦,乃固辞不拜。〔2〕

除非特别不矜门第的人,才肯去做,在当时已视为难能可贵。

> 《梁书·王筠传》:"时除殿中尚书郎。王氏过江以来,未有居郎署者。或劝逡巡不就。筠曰:'陆平原东南之美,王文度独步江东,吾得比踪前人,何多所恨!'乃欣然就职。"〔3〕

至于外官,更不必说,

> 《梁书·陶季直传》:"明帝颇忌之,乃出为辅国长史,北海太守。边职上佐,素士罕为之者。"〔4〕

甚至以为一做外任,便是损了家风。

> 《北齐书·崔劼传》:"劼二子拱、撝,并为外任。弟廓之从容谓劼曰:'拱扬幸得不凡,何为不在省府之中,清华之所,而并出任外藩? 有损家代。'"〔5〕

不过这仅是就甲族而说,其实世族中的差等还多,次等的位置自有次等的世族。州郡的主簿功曹,也都还是世族所占有,

> 《新唐书·柳冲传》:"魏氏立九品,置中正,尊世胄,卑寒

---

〔1〕《梁书》,卷四九,页五。
〔2〕《宋书》,卷五九,页一四。
〔3〕《梁书》,卷三三,页一六。
〔4〕同上,卷五二,页六。
〔5〕《北齐书》,卷四二,页八。

士,其州大中正主簿、郡中正、功曹,皆取著姓士族为之。……
北齐因仍,举秀才,州主簿,郡功曹,非四姓不在选。"〔1〕

当时州郡所辟的僚佐,大概也都是世族子弟。

《梁书·康绚传》:"时刺史所辟,皆取名家。"〔2〕

《杨公则传》:"湘俗单家以贿求州职,公则至,悉断之,所辟
引皆州郡著姓,高祖班下诸州以为法。"〔3〕

所以冯元兴为主簿,论者以为非伦。

《魏书·冯元兴传》:"元兴世寒,因元义之势,托其交通,相
用为主簿,论者以为非伦。"〔4〕

吴逵擢功曹,也自以门寒固辞。

《宋书·吴逵传》:"太守王韶之擢补功曹史,逵以门寒,固
辞不受。"〔5〕

可见世族的位置,也自有等差。就是同是一种官职,有时也可有轻
重不同的观念。比如晋世名家出身,多为员外散骑侍郎,

《宋书·谢弘微传》:"晋世名家身有国封者,起家多拜员外
散骑侍郎。"〔6〕

而宋齐以后,此职却为清华所不为。

《南史·到撝传》:"问王晏曰:'王散骑复何故尔?'晏先为
国常侍,员外散骑郎,此二职清华所不为,故以此嘲之。"〔7〕

又如南朝甲族,向来多不居宪台(见前引《王僧虔传》),而北朝御史,

---

〔1〕《新唐书》,卷一九九,页一八。
〔2〕《梁书》,卷一八,页六。
〔3〕同上,卷一〇,页一一。
〔4〕《魏书》,卷七九,页一〇。
〔5〕《宋书》,卷九一,页七。
〔6〕同上,卷五八,页三。
〔7〕《南史》,卷二五,页八。

却又精选世胄。

　　《北齐书·李广传》:"崔暹精选御史,皆是世胄。"[1]

这虽然与时代地域的不同或许有些关系,而大致都由于世族逐渐的
有了各种差别。不但是正式官吏如此;当时贡举的秀孝,也以门次
为准。

　　《魏书·高祖本纪》:"延兴二年(公元472)诏曰:'今年贡举,
　　尤为猥滥,自今所遣,皆门尽州郡之高,才极乡闾之选。'"[2]

　　《韩显宗传》:"今之州郡贡察,徒有秀孝之名,而无秀孝之
　　实,而朝廷但检其门望,不复弹坐。如此则可令别贡门望,以叙
　　士人,何假冒秀孝之名也?"[3]

又不仅是秀孝如此;就是学校,也是分别门次。

　　《魏书·高允传》:"表请郡国立学,学生取郡中清望,人行
　　修谨堪循名教者,先尽高门,次及中第。显祖(公元466—471)
　　从之。"[4]

这样一来,寒人除以军功立勋而外,在政治上差不多没有位置了。
所以寒人的出身,不过是舍人郡吏,

　　《宋书·羊欣传》:"元显怒,乃以为其后军府舍人,此职本
　　用寒人。"

　　又《宗越传》:"……范凯之黜越为役门,出身郡吏。"[5]

有时州郡下吏,还要为省官所夺。

　　《南齐书·王琨传》:"时王俭为宰相,属琨用东海郡迎吏。

---

〔1〕《北齐书》,卷四五,页九。
〔2〕《魏书》,卷七上,页三。
〔3〕同上,卷六〇,页九。
〔4〕同上,卷四八,页一三。
〔5〕《宋书》,卷六二,页一。

> 琨谓信人曰:'语郎:"三台五省,皆是郎用人;外方小郡,当乞寒贱,省官何为复夺之?"'"〔1〕

就是偶为时主所特知,也要特下诏书申明,

> 《南齐书·江谧传》:"建元元年(公元 479)为左民尚书……寻敕曰:'江谧寒士,诚当不得竞等华侪;然甚有才干,堪为委遇,可迁吏部郎。'"〔2〕

> 《魏书·李彪传》:"高祖诏曰:'彪虽宿非清第,本阙华资;然识性严聪,学博坟籍,刚辨之才,颇堪时用,兼忧国若家,载宣朝美……可特迁秘书令以酬厥款。'"〔3〕

可见其事甚难。且有每为上司所任,而终不能就职。

> 《南史·庾荜传》:"后为荆州别驾。……初,益州刺史邓元起功勋甚著,名地卑琐,愿名挂士流。时始兴忠武王憺为州将,元位已高,而解巾不先州官,则不为乡里所悉。元起乞上籍出身州从事,憺命荜用之,荜不从。憺大怒,召荜责之,曰:'元起已经我府卿,何为苟惜从事?'荜曰:'府是尊府,州是荜州,宜须品藻。'憺不能折。……子乔复仕为荆州别驾,时元帝为荆州刺史,而州人范兴话以寒贱叨仕九流,选为州主簿,又皇太子令及之,故元帝勒乔听兴话到职。及属元日,府州朝贺,乔不肯就列,曰:'庾乔忝为端右,不能与小人范兴话为雁行。'元帝闻,乃进乔而停兴话。"〔4〕

都足以证明寒人在政治上位置的低微。所以当时又特立寒素一科,以救其弊,

---

〔1〕《南齐书》,卷三二,页二。
〔2〕同上,卷三一,页二。
〔3〕《魏书》,卷六二,页九——一〇。
〔4〕《南史》,卷四九,页三——四。

《晋书・李重传》："时燕国中正刘沉举霍原为寒素，司徒府不从。……司徒左长史荀组以为寒素者，当谓门寒身素，无世祚之资……"〔1〕

但风气所趋，岂是检举一两人可以挽回？何况所举寒素，也并非寒素呢？所以寒人在政治上，仍是得不了位置。就是稍有了位置，也会时被排挤和沙汰，

《晋书・王沈传》："少有俊才，出于寒素，不能随时浮沉，为时豪所抑。"〔2〕

《北齐书・赵彦深传》："及文襄为尚书摄令选，沙汰诸曹郎，彦深以地寒，被出为沧州别驾。"〔3〕

就是不被排斥，也会为属吏所轻。

《魏书・窦瑗传》："除太常正卿，寻加卫将军。宗室以其寒人，轻之。"〔4〕

《张普惠传》："任城王澄嘉普惠，临薨启以为尚书左丞。……尚书诸郎以普惠地寒，不应便居管辖，相与为约并欲不放上省，纷纭多日乃定。"〔5〕

因为社会人士，已不承认寒人为有政治上的位置，凡是寒人出身，总不为时人所重的了。

《魏书・蒋少游传》："始北方不悉青州蒋族，或谓少游本非人士。又少游微因工艺自达，是以公私人望，不至相重。"〔6〕

---

〔1〕《晋书》，卷四六，页二一。
〔2〕同上，卷九二，页一三。
〔3〕《北齐书》，卷三八，页七。
〔4〕《魏书》，卷八八，页六。
〔5〕同上，卷七八，页一八。
〔6〕同上，卷九一，页二八。

《周书·冯迁传》："孝闵帝欲以衣锦荣之,乃授陕州刺史,迁本寒,不为时辈所重。"[1]

(二) 在社会上位置的差别

世族寒门久已成为两个不同的阶级,在政治上固然有了很明显的差别;就是在一班社会的习俗上面,其位置也很是不同。最明显的差别,约有两点可说:第一是世族和寒门不通婚姻。这一点是普通造成阶级制度唯一的条件,所以当时对于这一点,也很重视。以侯景的跋扈,请婚于王谢,梁武还说"王谢门高非偶"。以徐勉权重一时,为子繇求婚于江蒨王泰,都遭拒绝。

《南史·江蒨传》："仆射徐勉权重一时……因蒨门客翟景为子繇求婚于蒨女,不答,景再言之,乃杖景四十,由此与勉忤。又为子求蒨弟葺,及王泰女,二人并拒之。"[2]

南朝风气,可以想见。北朝也正相同。崔巨伦有姊已眇一目,还不肯屈事卑族。

《魏书·崔巨伦传》："初,巨伦有姊,明惠有才行,因患眇一目,内外亲类,莫有求者,其家议欲下嫁之。巨伦姑赵国李叔胤之妻,高明慈笃,闻而悲戚,曰:'吾兄之盛德,不幸早世,岂可令此女屈事卑族!'乃为子翼纳之,时人叹其义。"[3]

赵邕虽宠幸无比,求婚卢氏孤女,终不可得。

《魏书·赵邕传》："与范阳卢氏为婚,女父早亡,其叔许之,而母不从。母北平阳氏,携女至家,藏匿规免。邕乃拷掠阳叔,遂至于死。"[4]

---

[1] 《周书》,卷一一,页一二。
[2] 《南史》,卷三六,页一六。
[3] 《魏书》,卷五六,页一六。
[4] 同上,卷九三,页一八。

其区别之严，可以想见。在北朝早已成为国家的定制，

《魏书·高宗本纪》："和平四年（公元463）诏曰：'夫婚姻者，人道之始……尊卑高下，宜令区别。然中代以来，贵族之门，多不率法，或贪利财贿，或因缘私好，在于苟合，无所选择。令贵贱不分，巨细同贯，尘污清化，亏损人伦，将何以宣示典谟，垂之来裔！今制王公师傅侯伯及士民之家，不得与百工技巧卑姓为婚。犯者加罪。'"〔1〕

《高祖本纪》："太和二年（公元478）诏曰：'皇族贵戚，及士民之家，不惟氏族高下，与非类为婚。先帝亲发明诏，为之科禁，而百姓习常，仍不肃改。朕案宪章旧典，只按先制著之律令，以为定准。犯者以违制论。'"〔2〕

南朝虽无明令，但看沈约的弹奏王源，是贵贱通婚，也为科令所禁。

《文选·沈休文奏弹王源》："风闻东海王源嫁女与富阳满氏，……王满联姻，实骇物听。……此风勿剪，其源遂开，点世尘家，将被比屋，宜寘之明科，黜之流伍。"〔3〕

以社会的习尚，再加以政治的势力，自然越发牢固。加以朝廷选举，也以婚姻为升降，

《魏书·韩显宗传》："朝廷每选举士人，则校其一婚一官，以为升降。"〔4〕

所以盛族婚姻，几可视为奖品。

《南史·胡谐之传》："上方欲奖以贵族盛姻，以谐之家人语傒音不正，乃遣宫女四五人往谐之家，教子女语。"〔5〕

〔1〕《魏书》，卷五，页一一。
〔2〕同上，卷七上，页一二。
〔3〕《文选》，卷四〇，页七一八。
〔4〕《魏书》，卷六〇，页一〇一一。
〔5〕《南史》，卷四七，页一二。

寒人偶得赐一士人之女，便以为无上的光荣。

《北史·陈元康传》："左卫将军郭琼以罪死，子妇，范阳卢道虔女也。没官。神武启之，以赐元康为妻。元康地寒，时人以为殊赏。"[1]

《北齐书·孙搴传》："赐妻韦氏，既士人子女，又兼色貌，时人荣之。"[2]

就是一班世族，也每以婚娶能得平流或高门为美，

《北齐书·崔㥄传》："㥄一门婚嫁，皆是衣冠之美，吉凶羽仪，为当时所称。"[3]

《白建传》："男婚女嫁，皆得胜流，当时以为荣宠之极。"[4]

而以不及门流为耻。于是又成了一种"非同品不得为婚"的牢习。

《魏书·平恒传》："恒三子并不率父业，好酒自弃。恒尝叹其世衰，不为营事婚宦，任意官娶，故仕聘浊碎，不得及其门流。恒姊弟邓宗庆及外生孙元明等，每以为言。"[5]

第二是世族与寒门，不相礼接。因为两者的身份位置高下不同，已为社会所公认，所以一班世族，每只自相往来，不与寒人相接。

《北齐书·崔㥄传》："性简傲，以才地自矜，所与周旋，皆一时名望。"[6]

《陈书·蔡凝传》："年位未高，而才地为时所重，常端居西斋，自非素贵名流，罕所交接。"[7]

---

[1]《北史》，卷五五，页五，万历二十年明刊本(下同)。
[2]《北齐书》，卷二四，页一。
[3] 同上，卷二三，页八—九。
[4] 同，卷四〇，页九。
[5]《魏书》，卷八四，页五。
[6]《北齐书》，卷二三，页七。
[7]《陈书》，卷二四，页二二。

寒人或不自量而往，虽一时贵戚，也每不为世族所礼遇。

　　《宋书·后妃传》："路太后弟子琼之宅，与太常王僧达并门，尝盛车服卫从造僧达，僧达不为之礼。琼之以诉太后，……欲罪僧达。上曰：'琼之年少，自不宜轻造诣。王僧达贵名子，岂可以此事加罪？'"[1]

甚至寒士虽已宠贵，到了世族之前，竟不能坐；

　　《宋书·蔡兴宗传》："时右军将军王道隆任参内政，权重一时，蹑履到前，不敢就席，良久方去，竟不呼坐。元嘉初（公元424），中书舍人狄当诣太子詹事王昙首，不敢坐。其后王弘为太祖所爱遇。上谓曰：'卿欲作士人，可就王球坐，乃当判耳。殷刘并杂，无所知也。若往诣球，可称旨就席。'球举扇曰：'若不得尔！'弘还，依事启闻。帝曰：'我便无如此何！'五十年中，有此三事。[2]按王弘《南史》作中书舍人宏兴宗，惟下文弘还，仍作宏，不作兴宗，则兴宗二字疑因蔡兴宗而误，应也本作王弘。不过王弘为球从祖兄弟，据《南史》《宋书·王球传》都有因王弘兄弟贵重，未尝相往来，和拒中书舍人徐爰之事，则王弘又为徐爰之误。

就以同僚的资格，也不能与之同坐。

　　《宋书·张劭传》："子敷，中书舍人秋当（秋当即狄当）、周赳，并管要务，以敷同省名家欲诣之。赳曰：'彼恐不相容接，不如勿往。'当曰：'吾等并已员外郎矣，何忧不得共坐。'敷宅设二座，去壁三四尺，二客就席，敷呼左右曰：'移我远客。'赳等失色

―――――――――

〔1〕《宋书》，卷四一，页一六。

〔2〕同上，卷五七，页一五一—一七。

而去。"〔1〕

真是"士大夫故非天子所命","帝王也无如之何"！

  《南史·江敩传》："梁中书舍人纪僧真幸于武帝，稍历军校，容表有士风。谓帝曰：'臣小人出，自本县武吏，邀逢圣时，阶荣至此，……唯就陛下乞作士大夫。'帝曰：'由江敩谢瀹，我不得措意，可自诣之。'僧真承旨诣敩，登榻坐定。敩便命左右：'移吾床让客。'僧真丧气而退，告武帝曰：'士大夫故非天子所命！'"〔2〕

虽此数事，每多雷同，不必尽为实事；不过当时社会上必有此种习俗，才能傅会。这种风俗，在后人看来，虽觉可怪，在专重门阀的六朝，却也不足为奇。并且宋文帝说："殷刘并杂。无所知也。"则也不过头等甲族如此，其他不过少相往来罢了。他们在社会上位置的差别，有了这两点，很可明白了。

  上面所叙政治上和社会上的两种差别，是比较显而易见的。其实在任何方面都是如此：比如平常的法典，每有对于世族宽容，而对于寒贱却很严厉的时候。

  《南齐书·竟陵王子良传》："启曰：'若罚典惟加贱下，辟书必躅世族，惧非先王立理之本。'"〔3〕

  《魏书·源怀传》："景明二年（公元501）奏曰：'谨案事条，侵官败法，仅据流外，岂九品已上，人皆贞白也？其诸州守宰，职任清流，至有贪浊事发，逃窜而遇恩免罪。勋品以下，独乖斯例。如此则宽纵上流，法切下吏。'"〔4〕

---

〔1〕《宋书》，卷四六，页八。
〔2〕《南史》，卷三六，页一五。
〔3〕《南齐书》，卷四〇，页五。
〔4〕《魏书》，卷四一，页六。

就是士流遭了罪黜，也还与平民位置不同。

　　《宋书·王弘传》："左丞江奥议：'士人犯盗赃不及弃市者，刑竟自在赃污淫盗之目，清议终身，经赦不原。当之者足以塞愆，闻之者足以鉴诫。若复雷同群小，责以兵役，愚谓为苦。……'"[1]
这是他们在法律上位置的差别。自从晋武制定士流，可以荫人，成了一种以贵役贱的定制。于是士流端居役物，坐食百姓。

　　《通志·选举略》："唐德宗时礼部员外郎沈既济议曰：'汉世虽丞相之子，不得蠲户课。而近世以来，九品之家，皆不征其高荫，子孙重承恩奖，端居役物，坐食百姓，其何以堪之！'"[2]
庶民常有被役的痛苦，世族却安享役人的权利。

　　《南齐书·虞玩之传》："上表曰：'又有改注籍状，诈入仕流，昔为人役者，今反役人。'"[3]
这是他们在经济上位置的差别。又如陈显达说："麈尾扇是王谢家物"，齐明帝制："寒人不得用四幅伞。"[4]则凡一切服饰容止都有了差别。所以士庶两个阶级，是绝不可混的。宜乎在当时的士流，绝对不肯与寒贱混杂。

　　《北齐书·元文遥传》："齐因魏朝，宰县多用厮滥，至于士流，耻居百里。文遥以县令，字人之切，遂请革选。于是密令搜扬贵游子弟，发县用之。犹恐其披诉，……厚加慰喻。士人为县，自此始也。"[5]
而寒士两字，遂至用为诟骂的名词。

〔1〕《宋书》，卷四二，页一七。
〔2〕《通志》，卷五九，页二七。
〔3〕《南齐书》，卷三四，页二。
〔4〕同上，卷六，页七。
〔5〕《北齐书》，卷三八，页五。

《周书·刘璠传》："范阳张缵,梁之外戚,……尝于新喻侯坐,因酒后诟京兆杜骞曰:'寒士不逊。'璠厉色曰:'此坐谁非寒士!'"[1]

《南齐书·刘祥传》："褚渊入朝,以腰扇障日。祥从侧过,曰:'作如此举止,羞面见人,扇障何益?'渊曰:'寒士不逊!'祥曰:'不能杀袁刘,安能免寒士!'"[2]

这种情形,虽然在别的时代也不能说完全没有,但要分别得这样严密,则唯有六朝一个时代了。

---

〔1〕《周书》,卷四二,页七。

〔2〕《南齐书》,卷三六,页四。

第六章　六朝门阀的影响

六朝门阀的实际情形,已如上章所叙。世族与寒门,在当时成为绝对的阶级,因此又发生了不少的影响。其比较明显的,可有下列几种:

(一) 对于政治上的影响

当时的政治情形,大约全由世族主持,早成了一种世禄之制。因此发生两种较大的影响:第一是增加叛逆和篡夺的扰乱。因为门阀的习惯既成,高门子弟,便以为私人的门第,就是政治上的地位。

《晋书・王恭传》:"自负才地高华,恒有宰辅之望。"[1]

《南史・王融传》:"自恃人地,三十内望为公辅。"[2]

所以政治上的位置,假若不及自己的门流,便会引为很大的屈辱。

《魏书・穆弼传》:"高祖初定氏族,欲以弼为国子助教。辞曰:'先臣以来,蒙恩累世,比校徒流,实用惭屈。'"[3]

由屈辱而生怨望,便随时有造成叛逆的可能。

《魏书・裴叔业传》:"自谓人门不后王肃,怏怏朝廷处之不高。"[4]

---

〔1〕《晋书》,卷八四,页一。
〔2〕《南史》,卷二一,页一〇。
〔3〕《魏书》,卷二七,页一四。
〔4〕 同上,卷七一,页六。

比如周玘父子的谋杀朝士和范晔的连结义康谋逆，[1] 都是这种原因直接造成。但是假使给他位置高了，他却自以为是分所应得，并无知遇之感，

> 《北齐书·袁聿修传》："以名家子历仕清华，时望多相器待，许其风监。在郎署之日，赵彦深为水部郎中，同在一院，因相交友。……彦深任用，累次接引；为吏部尚书以后，自以物望得之。"[2]

所以只有保家之念，而"君臣之节，徒致虚名"。

> 《南齐书·褚渊王俭传》："论自是世禄之盛，习为旧准，羽仪所隆，人怀美慕，君臣之节，徒致虚名，贵仕素资，皆由门庆，平流进取，坐至公卿，则知殉国之感无因，保家之念宜切。市朝亟革，宠贵方来；陵阙虽殊，顾盼如一。"[3]

因此某一世族的权势过盛，便想"化家为国"，身行篡逆。这种情形以东晋一个时期为最显著。因为元帝仓皇东渡，所凭藉者，就是世族的力量，

> 《南史·王弘传论》："晋自中原鼎沸，介居江左，以一隅之地，抗衡上国，年移三百，盖有凭焉。其初谚云：'王与马，共天下。'盖王氏人伦之盛，实始此矣。"[4]

所以成为一种世族专权的政治。

> 《廿二史劄记》："魏正始（公元240）、晋永熙（公元290）以来，皆大臣当国，晋元帝忌王氏之盛，欲政自己出，用刁协刘隗

---

〔1〕《南史》，卷三三，页六—七。
〔2〕《北齐书》，卷四二，页一六。
〔3〕《南齐书》，卷二三，页一〇。
〔4〕《南史》，卷二一，页一九。

等为私人,即召王敦之祸。自后非幼君,即孱主,悉听命于柄
臣,八九十年,已成故事。"[1]

而篡逆的祸乱,从王敦到桓玄,也就更仆难数。这是由六朝门阀直
接影响而成。到刘宋以后,固然人君不肯假权于世族。

《廿二史劄记》:"至宋齐梁陈诸君,则皆威福自己,不肯假
权于大臣。"[2]

而一班世族,也都以文雅自高,不肯屈志于武事,

《南史·王昙首传》:"与从弟球俱诣宋武帝,帝曰:'并膏粱
世德,乃能屈志戎旅!'"[3]

可见能屈志戎旅者很少。早已成了一种尚文轻武的风习,所以世族
直接的篡夺,便颇不易实现。不过他还可以间接的造成篡逆的机
会:因为世族既把国家的存亡,君臣的名分,都看得很轻了,以为国
君的更代,不过是"持一家物与一家",与己并没有何等关系。

《南史·褚炤传》:"彦回子贲,往问讯炤。炤问曰:'司空今
日何在?'贲曰:'奉玺绂在齐大司马门。'炤正色曰:'不知汝家
司空,将一家物与一家,亦复何谓!'"[4]

而自己还有"市朝呕革,宠贵方来"的好处。所以每每怂恿旁人做篡
逆之事。

《南史·王俭传》:"俭素知帝(齐高帝)雄异,后请间言于帝曰:
'功高不赏,古来非一,以公今日地位,欲北面居人臣,可乎?'"[5]

就不是预先承奉,

---

[1][2]《廿二史劄记》,卷八,页一四。
[3]《南史》,卷二二,页一。
[4]同上,卷二八,页一五。
[5]同上,卷二二,页六。

《南史·王晏传》:"齐高帝威权甚重,而众情犹有疑惑,晏便专心奉事。……及明帝谋废立,晏便响应接奉。"[1]

也会为保全门户起见,不能不赞助逆谋。

《南史·褚彦回传》:"及齐高帝辅政,王俭议加黄钺。任遐曰:'此大事,当报褚公。'帝曰:'褚脱不与,卿将何计?'遐曰:'彦回保妻子,爱性命,非有奇才异节,遐能制之。'果无违异。"[2]

这不是间接造成篡逆的机会,使有野心的人有机可乘吗? 不仅是如此,就是一班稍有良心的世族,也不过抱中立的态度。

《南史·王延之传》:"宋德既衰,齐高帝辅政,朝野之情,人怀彼此,延之与尚书令王僧虔中立无所去就。"[3]

中立之足以助成篡逆,这也是不容说的。我们看宋之篡晋,王弘王昙首王华都为佐命元勋;齐之篡宋,王俭王晏都是首谋;梁武篡齐,授玺的是王亮王志,陈高篡梁,授玺的又是王通王场;虽然也是新主想搜罗人望。

《南史·谢澹传》:"历位尚书,宋武帝将受禅,有司议使侍中刘叡进玺。帝曰:'此选当须人望。'乃使澹摄。"[4]

世族也是乐得而为之,所以六朝并无死节之臣。

《陔余丛考》:"盖自汉魏以来,胜国之臣,即为新朝佐命,久已习为固然。其视国家禅代,一若无与于己,且转藉为迁官受赏之资。故偶有一二眷旧不忍遽背故主,便已啧啧人口,不必其以身殉也。"[5]

---

〔1〕《南史》,卷二四,页一〇一一一。
〔2〕同上,卷二八,页九。
〔3〕同上,卷二四,页五。
〔4〕同上,卷一九,页九。
〔5〕《陔余丛考》,卷一七,页九,湛贻堂全书本(下同)。

实际都为野心家减少阻力,造成六朝互相篡夺的政局。所以我说是间接造成篡逆的机会。这都是增加叛逆和篡夺的事实。

第二是养成黑暗和腐败的政治。因为一班世族,以门阀的势力既成,不忧不至富贵,

> 《南齐书·王僧虔传》:"第九子寂,建武初(公元494)欲献《中兴颂》,兄志谓之曰:'汝膏粱年少,何忧不达! 不镇之以静,将恐贻讥。'"[1]

便不以事务关怀。于是始则祖尚玄虚,自以为清贵;

> 《梁书·谢举何敬容传论》:"魏正始及晋之中朝,时俗尚于玄虚,贵为放诞,尚书丞郎以上,簿领文案,不复经怀,皆成于令吏。逮乎江左,此道弥扇。惟下壶以台阁之务,颇欲总理,阮孚谓之曰:"卿常无闲暇,不乃劳乎?"宋世王敬弘身居端右,未尝省牒,风流相尚,其流遂远。望白署空,是称清贵,勤恪匪懈,终滞鄙俗。是使朝经废于上,职事驰于下,小人道长,抑此之由。"[2]

继则专好文学,以华靡为高。

> 《陈书·后主纪论》:"自魏正始晋中朝以来,贵臣虽有识治者,皆以文学相处,罕关庶务,朝章大典,方参议焉。文案簿领,咸委小吏,浸以成俗。迄至于陈,后主因循,未遑改革,故施文庆沈客卿之徒,专掌军国要务,奸黠左道,以衰刻为功,自取身荣,不存国计,是以朝经驰废,祸生邻国。"[3]

养成一种外为贵族负其名义,内实寒人主持实权的腐败政治。当时君主虽然知道这种情形,却以社会的制裁,不能不听其如此。

---

[1] 《南齐书》,卷三三,页六。
[2] 《梁书》,卷三七,页六。
[3] 《陈书》,卷六,页二〇。

《南史·王球传》:"义恭启文帝曰:'王球诚有素誉,颇以物外自许;端任要切,或非所长。'帝曰:'诚知如此,要是时望所归。'"〔1〕

于是朝宰要亲理要务,反为时所嗤鄙,

《南齐书·何敬容传》:"自晋、宋以来,宰相自逸;敬容独勤庶务,为时所嗤鄙。"〔2〕

而实权遂尽归于寒人。

《南史·王景文传》:"大明(公元457—464)之世,巢、徐、二戴,位不过执戟,权亢人主;颜师伯白衣仆射,横行尚书中;袁粲作仆射领选,而人往往不知有粲。"〔3〕

这一方面,固然是世族自己所养成。而实际在君主方面,则早不肯假权于世族。又以寒人能怀知遇之感,而无权位之逼。

《北齐书·张雕传》:"雕自以出于微贱,致位大臣,励精在公,有匪躬之节,欲立功效,以报朝恩。"〔4〕

《宋书·恩幸传》:"论夫人君南面,九重奥绝,陪奉朝夕,义隔卿士。阶闼之任,宜有司存。既而恩以幸生,信由恩固,无可惮之资,有易亲之色。孝建(公元454—457)、泰始(公元465—472)主威独运,官置百司,权不外假。而理政纠纷,理难遍通,耳目所寄,事归近习。……人主谓其身卑位薄,权不得重,殊不知鼠凭社贵,狐假虎威,外无逼主之嫌,内有专用之功,势倾天下,未之或悟。"〔5〕

---

〔1〕《南史》,卷二三,页一九。
〔2〕《南齐书》,卷三七,页二一。
〔3〕《南史》,卷二三,页二三。
〔4〕《北齐书》,卷四四,页一九。
〔5〕《宋书》,卷九四,页一。

所以轻轻的把国家的实权，移于几个寒人之手。

《廿二史劄记》："《南史》谓宋孝武不任大臣，而腹心耳目不能无所寄，于是戴法兴巢尚之等皆委任隆密。齐武帝亦曰：'学士辈但读书耳，不堪经国；经国一刘系宗足矣。'此当时时局相沿，位尊望重者其任转轻，而机要多用此辈也。"[1]

于是朝臣位置虽高，对于这种寒人反生畏惧，任凭他们横行无忌，政治的腐败，就不可问了。

《廿二史劄记》："然地当清切，口衔诏命，则人虽寒而权自重，权重则势利尽归之。如法兴威行内外，江夏王义恭虽录尚书而积相畏服，犹不能与之抗。阮佃夫王道隆等，权侔人主，其捉车人官虎贲中郎将，傍马者官员外郎。茹法亮当权，太尉王俭尝曰：'我虽有大位，权寄岂如茹公？'朱异威震内外，归饮私第，虑日晚台门闭，令卤簿自家列至城门，门者遂不敢闭。此可见威势之薰灼也。法亮在中书尝语人曰：'何须觅外禄？此户内岁可办百万。'佃夫宅舍园池，胜于诸王邸第；女妓数十，艺貌冠绝当时；出行遇胜流，便邀与同归，一时珍馐，莫不毕具，凡诸火剂，并皆始熟，至数十种，虽晋之王石，不能过。此可见贿赂之盈溢也。"[2]

这也是由六朝门阀所造成，毫无可疑的。不过这两种现象，在南朝非常显著，在北朝则到魏末，才逐渐的发生。这又由于北朝本为异族，其实权始终没有给郡姓中的世族；而虏姓尚门阀的习俗，又成立稍迟。也还有其他政治上的原因，则非本节所能详了。

(二) 对于风俗上的影响

这种影响，大致也可分二点来说：第一是养成买卖式的婚姻。

---

[1][2]《廿二史劄记》，卷八，页一四。

我前章所讲世族与寒门不通婚姻，不相礼接，其实也都可说是门阀所造成的风俗。不过这两点却有相连的关系，因为可以通婚，便不能不相礼接。

> 《世说新语》："周浚求汝南李氏女络秀作妾，父兄不许。络秀曰：'门户殄瘁，何惜一女？若连姻贵族，将来或大益。'父兄从之。遂生伯仁兄弟。络秀语伯仁等：'我为门户计耳。汝若不与吾家作亲亲者，吾亦不惜余年！'伯仁等悉从命。由是李氏在世，得方幅齿遇。"〔1〕

所以高门大族，对于婚姻，要特别的选择。

> 《魏书·公孙表传》："邃、叡为从父兄弟，而叡才器小优，又封氏之生，崔氏之婿。邃母雁门李氏，地望县隔。钜鹿太守祖季真多识北方人物，每云：'士大夫当须好婚亲，二公孙同堂兄弟耳，吉凶会集，便有士庶之异。'"〔2〕

而在寒门方面，则想特别的巴结，至于以官爵购买。

> 《北齐书·冯子琮传》："又专营婚媾，历选上门，例以官爵许之，旬日便验。"〔3〕

就是通常的情形，也以财币为购买高婚的条件。

> 《颜氏家训》："婚姻素对，靖侯（颜含）成规。近世嫁娶，遂有卖女纳财，买妇输绢，比量父祖，计较锱铢，责多还少，市井无异。或猥婿在门，或傲妇擅室，贪荣求利，反招羞耻，可不慎欤！"〔4〕

其后相习成风，凡婚嫁都要需索财贿。

---

〔1〕《世说新语》，卷下上，页二五。
〔2〕《魏书》，卷三三，页一四。
〔3〕《北齐书》，卷四〇，页四。
〔4〕《颜氏家训》，卷一，页一四，四部备要本（下同）。

　　《廿二史劄记》：“魏齐之时，婚嫁多以财币相尚。盖其始高门与卑族为婚，利其所有，财贿纷遗，其后遂成风俗。凡婚嫁无不以财币为事，争多竞少，恬不为怪也。魏文成帝尝诏曰：‘贵族之门，多不奉法，或贪利财贿，无所选择，令贵贱不分，亏损人伦，何以示后！’可见财婚由来久矣。《封述传》述为子娶李士元女，大输财聘；及将成礼，犹竞悬违。述忽取所供像对士元打碎为誓。士元笑曰：‘封翁何处常得此应急像，须誓便用。’述又为次子娶卢庄女，述诉府云：‘送骡乃嫌脚跛，评田则云咸薄，铜器又嫌古废。’皆为财聘以致纷纭，可以见是时习尚也。”[1]

至于唐初，还是如此。这是直接由六朝门阀所养成的弊风。

　　《贞观政要》：“贞观六年(公元632)，太宗谓尚书左仆射房元龄曰：‘比有山东崔卢李郑四姓，虽累叶陵迟，犹恃其旧地，好自矜大，称为士大夫。每嫁女他族，必广索聘财，以多为贵，论数定约，同于市贾，甚损风俗，有紊礼经。既轻重失宜，理宜改革。’又诏曰：‘自号高门之胄，不敦匹敌之仪，问名唯在于窃赀，结褵必归于富室；乃有新官之辈，丰财之家，慕其祖宗，竞结婚姻，多纳货贿，有如贩鬻；或自贬家门，受辱于姻娅；或矜其旧望，行无礼于舅姑；积习成俗，迄今未已。……’”[2]

　　第二是增加浮靡的习尚。我在第四章曾说过尚清言，美容止，是魏晋名士的风气，影响于门阀的造成。而实则门阀成功，又可以使这种风气蔓延而越发厉害。所以言谈容止，在当时极为一班人所重视，差不多南北各史，每一列传开头就是“美风范，善容止”一类的话。

　　《南齐书·庾杲之传》：“杲之风范和润，善音吐。……上每

〔1〕《廿二史劄记》，卷一五，页一九—二〇。
〔2〕《图书集成氏族典引》，卷二，页五一六，光绪甲申上海铅印本(下同)。

叹其风器之美。"〔1〕

《梁书·王茂传》:"身长八尺,洁白,美容观。齐武帝布衣时见之,叹曰:'王茂堂堂,必为公辅之器。'"〔2〕

并且朝廷清要的官职,也大都须用美貌丽服的少年。

《南齐书·王琨传论》:"内侍枢近,世为华选,金珰颖耀,朝之丽服。久忘儒艺,专授名家。加以简择少姿,簪貂冠冕,基荫所通,后才先貌。事同谒者,以形骸为官,斯违旧矣。"〔3〕

所以傅粉施朱,成为一时极盛的风气。

《颜氏家训》:"梁朝全盛之时,贵游子弟,多无学术。……无不熏衣剃面,傅粉施朱,驾长檐车,跟高齿屐,坐棋子方褥,凭斑丝隐囊,列器玩于左右,从容出入,望若神仙。"〔4〕

这时清言,固然也还很盛。

《颜氏家训》:"……洎于梁世,兹风复阐。《庄》、《老》、《周易》,总谓三玄。武皇简文,躬自讲论;周弘正奉赞大猷,化行都邑,学徒千余,实为美盛。"〔5〕

究竟清言还要有点学识,所以还不及这一方发展的普遍。因为讲究容服的关系,又生一种好洁的习惯,甚至于客未出户,就令人洗床。

《南史·庾仲文传》:"性好洁,士大夫造之者,未出户辄令人拭席洗床。时陈郡殷冲亦好净,小吏非净洛新衣,不得近左右。士大夫小不整洁,每容接之。仲文好洁反是。"〔6〕

---

〔1〕《南齐书》,卷三四,页六—七。
〔2〕《梁书》,卷九,页一。
〔3〕《南齐书》,卷三二,页七。
〔4〕《颜氏家训》,卷三,页二。
〔5〕同上,卷三,页一四。
〔6〕《南史》,卷三五,页八。

更有叫左右以衣受唾，以保存房子的干净。

　　《南史·谢景仁传》："景仁性矜严整洁，居宇净丽，每唾左
　　右人衣，事毕即听一日澣濯。每欲唾，左右争来受之。"〔1〕

这虽不是普通如此，也是这种风气所激成。此外还有几种风气，比如
弹琴饮酒，由魏晋到六朝，都是很盛的。而最发达的是围棋。围棋的
风俗，三国已经流行，不过到了六朝，却更发厉害。至于君臣对赌，

　　《梁书·到溉传》："溉素谨厚，特被赏接，高祖每与对棋，从
　　夕达旦。溉第山池有奇石，高祖戏与赌之，并《礼记》一部，溉并
　　输焉。"〔2〕

有时且以此授官，

　　《宋书·羊玄保传》："善棋弈，棋品第三。太祖与赌郡戏，
　　胜，以补宣城太守。"〔3〕

甚至围棋也置州郡，设中正。

　　《南齐书·王湛传》："明帝好围棋，置围棋州邑。以建安王
　　休仁为围棋州（都）大中正，谌与太子右率沈勃、尚书水部郎庚
　　珪之、彭城丞王抗四人为小中正。"〔4〕

所以棋手也有九品高下的评定，

　　《南齐书·萧惠基传》："当时能棋人王抗第一品，吴郡褚思
　　庄会稽夏赤崧并第二品。"〔5〕

　　《虞愿传》："明帝好围棋，甚拙，去格七八道，物议共欺以为

---

〔1〕《南史》，卷一九，页一一。
〔2〕《梁书》，卷三四，页二。
〔3〕《宋书》，卷五四，页五。
〔4〕《南齐书》，卷三四，页七一八。
〔5〕同上，卷四六，页九。

第三品。"〔1〕

《江敩传》:"敩好文辞,围棋第五品,为朝贵中最。"〔2〕

《南史·到彦之传》:"彦之曾孙溉弈棋入第六品。"〔3〕且有一定的《棋品》。

《南史·柳恽传》:"梁武帝好弈棋,使浑品定棋谱,登格者二百七十八人,第其优劣,为《棋品》三卷,恽为第二焉。"〔4〕

这种品次高下的风气,比如谢赫的《画品》,庾肩吾的《书品》,钟嵘的《诗品》,在当时特别流行,都是直接由九品中正而来,固不容说。就是这种围棋一类的风尚的利害,也都为贵游子弟所养成,与六朝门阀不无关系。大概世族子弟,平时既不勤庶务,除了酒食衣服而外,其所雅尚,不过琴棋书画而已。再多也不过专习几句清言,好作几句华词以自炫耀。书画和文学清谈,都与学术有关,放在下节再来详说。但还有一种尊重家讳的习惯,与六朝尊重门阀的观念,也颇有关系。

《颜氏家训》:"梁世谢举甚有声誉,闻讳必哭,为世所讥。又有臧逢世,臧严之子,笃学修行,不坠门风,……书有称严寒者,必对之流涕,不省取记,多废公事。……此并过事也。"〔5〕不过与社会上没有多大的关系,也只好从略。

(三) 对于学术上的影响

六朝门阀对于学术的影响,也大致有好几种可说:第一是谱学的发达。谱学从太史公所见的《周谱》以下,汉时虽已经有人注意。

〔1〕《南齐书》,卷五三,页三。
〔2〕同上,卷四三,页二。
〔3〕《南史》,卷二五,页二。
〔4〕同上,卷三八,页一五。
〔5〕《颜氏家训》,卷二,页二。

《陔余丛考·南史》:"王僧孺被命撰谱,而不知谱所自起,
以问刘杳。杳曰:'《桓谭新论》云:"太史公《三代世表》旁行邪
上,并效《周谱》。"以此而推,当起于周代也。'……汉高祖起布
衣,故不重氏族。然汉邓氏已有《官谱》,应劭有《氏族》一篇,王
符《潜夫论》亦有姓氏一篇。"〔1〕

不过并未如何发达。到了六朝,因为重视门第的缘故,以氏族高下
为人才的标准,所以选官必须明识谱牒,

《陈书·孔奂传》:"以鉴识人物,详练百氏,凡所甄拔,衣冠
搢绅,莫不悦服。"〔2〕

《姚察传》:"既博极坟素,尤善人物,至于姓氏所起,枝叶所
分,官职姻娶,兴衰高下,举而论之,无所遗失,……及迁选部,
雅允朝望。"〔3〕

不谙氏族的人,便不能居选。

《南史·王晏传》:"永明中(公元 483—493),武帝欲以明帝
代晏。晏启曰:'鸾清干有余,然不谙百氏,恐不可居此职。'"〔4〕

于是,谱学便成为当时一种切用的学问。

《魏书·李神儁传》:"风韵秀举,博学多闻,朝廷旧章,及人
伦氏族,多所谙记。"〔5〕

而当时谱学,因之特别发达。这是明由六朝门阀直接影响而成。

《陔余丛考》:"至魏九品中正法行,于是权归右姓。……有
司选举,必稽谱牒,故官有世胄,谱有世官,于是贾氏王氏谱学

〔1〕《陔余丛考》,卷一七,页六。
〔2〕《陈书》,卷二一,页一二。
〔3〕同上,卷二七,页一一。
〔4〕《南史》,卷二四,页一二。
〔5〕《魏书》,卷三九,页一二。

兴焉。晋太康中(公元280—290),贾弼撰《姓氏簿状》,……凡七百十二篇,宋王宏刘湛好其书。何承天有《姓苑》二篇,湛又撰《百家谱》以助铨序。齐永明中,王俭又广之。而弼所撰传子匪之,匪之传子希镜,撰《姓氏要状》十五篇。希镜传子执,执传其孙冠,故贾氏谱学最显名。……梁武因沈约言诏王僧孺改定《百家谱》,因贾弼旧本考撰成书,凡十八《州谱》七百一十卷,《百家谱集抄》十五卷,《南北谱集》十卷,故又有王氏之谱学。此南朝谱学之源流也。北朝虽专门者少,然魏太和(公元477—499)中,诏诸郡中正,各立本土姓族次第,为举选,名方司格。又魏收撰《魏书》成,杨愔谓收曰:'此不刊之书。但恨论及诸家亲姻,至为繁碎。'收曰:'自中原丧乱,人士谱牒,遗逸略尽,是以具书其枝派。'则亦以此事为郑重也。"〔1〕

第二是哲学的融合。自从魏晋以后,社会人士都以清谈相尚。这种清谈的风气,虽然不专是由门阀所造成,却与门阀也有很重要的关系,至少可说是这种风气能够持久和发达,是由于门阀制度的助成。但是清谈所标,都是玄理,从王弼何晏以来,已经是合《庄》、《老》、《周易》为一家,所以说"《庄》、《老》、《周易》,总谓三玄。"其后又与佛理融合为一,同为清谈和讲说的资料。

《南史·张讥传》:"讥笃好玄言:讲《周易》、《老》、《庄》而教授焉。吴郡陆元朗朱孟博,一乘寺沙门法才,法云寺沙门慧休,至真观道士姚绥,皆传其业。"〔2〕

《陈书·马枢传》:"枢博极经史,尤善《佛经》,及《周易》、《老子》义。梁邵陵王纶为南徐州刺史,……令枢讲《维摩》、《老

〔1〕《陔余丛考》,卷一七,页六—七。
〔2〕《南史》,卷七一,页二八。

子》、《周易》,同日发题,道俗听者二千人。"〔1〕

自宋以后,并有正式玄学的设立。

> 《宋书·何尚之传》:"上以尚之为丹阳尹,立宅南郭外,置玄学,聚生徒。东海徐秀,庐江何昙黄回……并远道来游,谓之南学。"〔2〕

则当时玄学之盛,固不待说。而三家哲理的融合,其影响于后来的思想,则更为关系重大。宋儒理学的发达,与此也不无关系。固然这里的原因,非常复杂;不过六朝士大夫的好尚清言,也算助了他一臂之力。

> 《梁书·到洽传》:"高祖问待诏丘迟曰:'到洽何如沈溉?'对曰:'正清过于沈,文章不减溉,加以清言,殆将难及。'"〔3〕

第三是文学的变迁。好尚文辞的风气,本来从魏之三祖就有了。

> 《隋书·李谔传》:"上书曰:'魏之三祖,更尚文辞,忽君人之大道,好雕虫之小技,下之从上,有同影响,竞骋浮华,遂成风俗。'"〔4〕

不过魏世虽重文辞,而专好浮华,则还未必然。专尚雕琢的华词,起于一班世族子弟的刻意点缀。

> 钟嵘《诗品序》:"……今之士俗,斯风炽矣:才能胜衣,甫就小学,必甘心而驰骛焉。于是庸言杂体,各为家法。至于膏腴子弟,耻文不逮,终朝点缀,分夜呻吟……"〔5〕

---

〔1〕《陈书》,卷一九,页一三。
〔2〕《宋书》,卷六六,页六。
〔3〕《梁书》,卷二七,页二。
〔4〕《隋书》,卷六六,页二。
〔5〕《诗品》,卷上,页四,津逮秘书本(下同)。

所以不是堆砌故实,

> 《诗品序》:"观古今胜语,多非补假。颜延之谢庄,尤为繁密,于时化之。故大明泰始(公元 457—471)中,文章殆同书抄。近任昉王元长等词不贵奇,竞须新事。尔来作者,寖以成俗。遂乃句无虚语,语无虚字,拘孪补纳,蠹文已甚。"[1]

就是专填华词。

> 《李谔传》:"上书曰:'……江左齐梁,其弊弥甚:贵贱贤愚,惟务吟咏,遂复遗理存异,寻虚逐微,竞一韵之奇,逐一字之巧,连篇累牍,不出月露之形;积案盈箱,惟是风云之状。'"[2]

结果造成徐陵庾信一派的浮靡文学。

> 《隋书·文学传序》:"自大同(公元 535—546)之后,雅道沦缺,……争驰新巧:简文湘东,启其淫放;徐陵庾信,分路扬镳。其意浅而繁,其文匿而彩。词尚轻险,情多哀思。格以延陵之听,盖亦亡国之音乎!"[3]

这虽然也是受了两汉辞赋的影响,

> 胡适《白话文学史》:"六朝的文学,可说是一切文体都受了辞赋的笼罩,都骈俪化了:论议文也成了辞赋体,纪叙文也用了骈俪文,抒情诗也用骈偶,纪事与发议论的诗,也用骈偶,甚至于描风景也用骈偶。故这个时代,可说是一切韵文与散文的骈偶化时代。"[4]

但与六朝门阀的风习,也不能说全无关系。

第四是美术的进步。比较显著的是书画,江左书画最著名的是

---

[1] 《诗品》,卷中,页一。
[2] 《隋书》,卷六六,页二。
[3] 同上,卷七六,页二,同前。
[4] 《白话文学史》,章八,页一二一,新月书店本。

王氏一家，

> 《历代名画记》："晋室过江，王廙书画第一。又王羲之字逸
> 少，廙从弟也。书既为古今之冠冕，丹青亦妙。"〔1〕

就是谢氏，能书的也不少。

> 《书断》："安石尤善行书，亦犹卫洗马风流名士，海内所瞻。
> 王僧虔云：'谢安入能书品录也。'"〔2〕

而六朝三大画家，如顾恺之、陆探微、张僧繇，又恰为吴姓中的甲族。

> 《画断》："象人之美，张得其肉，陆得其骨，顾得其神。神妙
> 无方，以顾为最。"〔3〕

再如北朝书家，也都出崔、卢二门。

> 《魏书·卢元传》："魏初工书者，崔、卢二门。"〔4〕

这似乎不全是偶然的事。虽然也是承受钟繇、卫瓘的余风，

> 《魏书·崔元伯传》："元伯祖悦，与范阳卢谌俱以博艺著
> 名，谌法钟繇，悦法卫瓘，而俱习索靖之草，皆尽其妙。"〔5〕

和佛教输入各种原因，但也须承认与六朝门阀有相当的关系。此外
则因玄学兴盛，而经学遂以衰落。

> 《廿二史劄记》："当时父兄师友之所讲求，专推《老》、《庄》
> 以为口舌之助，五经中唯崇《易》理，其他尽束阁也。"〔6〕

其实也由于世族子孙，都不乐意弄这种枯燥的朴学，

> 《北齐书·儒林传序》："夫帝王子孙，禀性淫逸……是以世

---

〔1〕《历代名画记》，卷五，页三一四，津逮秘书本（下同）。
〔2〕《书断》，卷二，页五，百川学海本。
〔3〕《历代名画记》，卷五，页八。
〔4〕《魏书》，卷四七，页六。
〔5〕同上，卷二四，页一五。
〔6〕《廿二史劄记》，卷八，页一二。

胄之门,罕闻强学。……而齐司存,或失其守,师保疑丞,皆赏勋旧,太学博士,徒有虚名,唯国子学生徒,数十人耳。……胄子以通经试者,唯博陵崔子发广平宋游卿而已,自外莫见其人。……齐制诸郡并立学校,置博士助教授经,学生俱差遣充员,士流及豪富之家,皆不从调。备员既非所好,坟籍固不关怀。"〔1〕

也可说是受了六朝门阀的影响。

我所要说的影响,大致已尽于此。至于社会经济上所受的影响,可考见的不多。大致不过是一种豪强兼并,贫富悬隔的情形。

《宋书·武帝本纪》:"晋自中兴以来,治纲大弛,权门兼并,强弱相凌,百姓流离,不得保其产业。"〔2〕

因此南朝于晋制占田以外,

《晋书·食货志》:"其官品第一至第九,各以贵贱占田:品第一者占田五十顷,第二品四十五顷,第三品四十顷,第四品三十五顷,……第九品十顷。"〔3〕

又有占山的规定。

《宋书·羊玄保传》:"时扬州刺史西阳王子尚上言:'山湖之禁,虽有旧科;民俗相因,替而不奉。燔山封水,保为家利。自顷以来,颓废日甚,富强者兼岭而占,贫弱者薪苏无托,至渔采之地,亦又如兹。……'希上言:"今更刊革,立制五条:凡山泽先尝燔燎种养竹木杂果为林,及陂湖江海鱼梁鳖场常加功修作者,听不追夺。官品第一第二听占山三顷,第三第四品二顷五十亩,第五第六品二顷,第七第八品一顷五十亩,第九品及百

〔1〕《北齐书》,卷四四,页三一四。
〔2〕《宋书》,卷二,页一。
〔3〕《晋书》,卷二六,页一四。

姓一项。皆依定格,条上赀簿。……'从之。"〔1〕

这还不过是稍为限制,于社会经济的调剂,仍是没有多大的影响。
北朝却因此改行均田的制度,

> 《魏书·李安世传》:"上疏曰:'窃见州郡之民,年俭流移,……
> 豪宗强族,肆其侵略,远认魏晋之家,近引亲旧之验。……愚谓今
> 桑井难复,宜更均量。……'高祖深纳之。均田之制,起于
> 此矣。"〔2〕

则于社会经济,就起了很大的变化。似乎可视为六朝门阀的反响。
不过豪强兼并,在秦汉已经如此,所以董仲舒有限田之议,

> 《汉书·食货志》:"董仲舒说上曰:'秦用商鞅之法,改帝王
> 之制,除井田,民得买卖,富者田连阡陌,贫者无立锥之地。汉
> 兴循而未改。古井田法虽难行,宜少近古,限民名田,以赡不
> 足,塞兼并之路,然后可善治也。'竟不能用。"〔3〕

王莽并想实行土地国有的政策,则其来源又很远,不能专说为六朝
门阀的关系。

---

〔1〕《宋书》,卷五四,页七。
〔2〕《魏书》,卷五三,页一〇—一一。
〔3〕《汉书》,卷二四,页一二,四部备要本。

第七章　九品中正与
六朝门阀的消灭

大凡是一种制度，改革是很容易的。假使是一种习惯，就不是一时可以消灭。因为制度的改革，是单纯的政治问题。习惯是社会上的风气所渐染而成，虽然政治的势力，也可以使他转变，却非一两道命令可以见效的。九品中正是一种制度，所以到隋朝开皇（公元589—605）年间，一道命令就短了命。

　　按《通考》只说到开皇中方罢。《隋书》、《通鉴》都无罢除中正的明文。[1]

而专尚门阀的风气，却直到五代才完全消灭。不过九品中正的废除，也自有他的原因。最主要的当然是由于这种制度的流弊太多，由尚姓而至于尚诈，完全失了取才的本意。

　　《新唐书·柳冲传》："夫文之弊，至于尚官，官之弊至于尚姓，姓之弊至于尚诈。隋承其弊，不知其所以弊，乃反古道，罢乡举，离地著，尊执事之吏，于是乎士无乡里，里无衣冠，人无廉耻，士族乱而庶人僭矣。"[2]

但也还有一个原因：在六朝时候，江左非常的注重流品，有清流浊流

---

　　〔1〕《文献通考》，卷二八，页一六。
　　〔2〕《新唐书》，卷一九九，页一九—二〇。

的分别。武人虽贵,总不能混入清流。

> 《梁书·钟嵘传》:"天监初(公元 502),制度虽革而日不暇
> 给。嵘乃言曰:'臣愚谓军官是素族士人,自有清贯,而因是受
> 爵,一宜削除以惩浇竞;若吏姓寒人,听极其门品,不得因军,遂
> 滥清级。'"[1]

这是因为武人多出于寒贱,士流不肯与之为伍,而当时一班士大夫
因此都有"尚文轻武"的观念。

> 《南史·沈文季传》:"及魏军动,褚彦回曰:'陈显达沈文
> 季,当今将略,足委以边事。'文季讳称将门,因是发怒。"[2]

这一点也确是保持门阀阶级的要素。北朝自孝文迁洛,向慕华风,
对于这一点也很注意。

> 《魏书·刘昶传》:"高祖曰:'当今之世,仰祖质朴,清浊同
> 流,混齐一等,君子小人,名品无别,窃以为不可。'"[3]

不过魏之暮年,代北的武人,因为时势的关系,渐渐的把持政柄,就
不肯受这种限制。

> 《魏书·张彝传》:"第二子仲瑀上封事,求铨别选格,排抑
> 武人,不使预在清品。由是众口喧喧,谤讟盈路,立榜大巷,克
> 期集会,屠害其家。"[4]

当时朝廷,正要倚赖他们,于是崔亮为"停年格",才不分流品。

> 《魏书·崔亮传》:"羽林新害张彝之后,灵太后命武人得依
> 资入选。官员既少,应选者多,……亮乃奏为格制,不论士之贤

---

〔1〕《梁书》,卷四九,页九。
〔2〕《南史》,卷三七,页一二——三。
〔3〕《魏书》,卷五九,页四。
〔4〕 同上,卷六四,页一二。

愚，专以停解日月为断。"〔1〕

后来北齐又将他取消，重要讲究门第。

> 《北齐书·文襄本纪》："元象元年(公元538)摄吏部尚书。
> 魏自崔亮以来，选人常以年劳为制。文襄乃厘革前式，铨擢唯
> 在得人。又沙汰尚书郎，妙选人地以充之。"〔2〕

所以当时的选用，全以氏族为准。

> 《北齐书·阳休之传》："休之多识故事，谙悉氏族，凡所选
> 用，莫不才地俱允。"〔3〕

对于出身武职的人，也颇有贱视的观念。山东人的特重门阀，缘由
也就在此。

> 《北齐书·羊烈传》："天统初(公元565)，与尚书毕义云争
> 兖州大中正云：'近日刺史，乃是疆场之上，彼此而得，何足
> 为言！'"〔4〕

至周则稍有不同，虽重门阀，却不重流品。

> 《隋书·卢恺传》："自周氏以降，选无清浊，及恺摄吏部，与
> 薛道衡，陆彦师等甄别士流，故涉党固之谮。"〔5〕

因为关中之人尚雄武，

> 《新唐书·柳冲传》："关中之人雄，故尚冠冕；代北之人武，
> 故尚贵戚。"〔6〕

所谓门阀都是贵戚勋臣，也全是武人，这与江左、山东的风气都

---

〔1〕《魏书》，卷六六，页一六。
〔2〕《北齐书》，卷三，页一。
〔3〕同上，卷四二，页一四。
〔4〕同上，卷四三，页八。
〔5〕《隋书》，卷五六，页二。
〔6〕《新唐书》，卷一九七，页一九。

不同。

> 《周书·赵贵传》："初,魏孝闵帝以尔朱荣有翊戴之功,拜荣柱国大将军,位在丞相上。……自大统十六年(公元550)以前,任者凡八人,……当时荣盛莫与为比,故今之称门阀者,咸推八柱国家云。"[1]

所以他的注重门阀的观念,比较要轻些。后来选官,也并不十分注重门品。

> 《周书·苏绰传》："大统十年(公元544),又为六条诏书奏施行之:其四举贤良曰:'自昔以来,州郡大吏,但取门资,多不择贤良。……夫门资者,乃先世之爵禄,无妨子孙之愚瞽,……今之选举者,当不限资荫,唯在得人。苟有其人,自可起厮养而为卿相。'"[2]

隋氏篡周以后,山东、江左都归入了版图,对于他们所行的九品中正制度,又专以门阀为高下的风气牢不可破者,当然非废除不可。至于六朝门阀的消灭,与此也当然有关系。就大概的说,可总括为下列两点:

(一) 是选举制度的改革

这里面又可分为二点来说:第一点是举人不以阀阅。自从废了九品中正以后,为救前此的弊病起见,改立科举制度。

> 《新唐书·选举志》："德宗时太常寺协律郎沈既济议曰:'按前代选用,皆州府察举,至于齐隋,不胜其弊,凡所署置,皆由请托。故当时议者,以为率私,不若自举;与其外滥,不若内收,是以罢州府之权而归于吏部。此矫时惩弊之权法,非经国

---

〔1〕《周书》,卷一六,页八。
〔2〕同上,卷二三,页四。

不刊之常典。'"〔1〕

科举虽有三途,常选止有乡贡学馆两种。

> 《新唐书·选举志》:"唐制取士之科,多因隋旧。其大要有
> 三:由学馆者曰生徒,由州县者曰乡贡,……其天子自诏者曰制
> 举,所以待非常之才焉。"〔2〕

乡贡是怀牒自举,当然没有门阀的限制;

> 《新唐书·选举志》:"举选不繇学馆者谓之乡贡,皆怀牒自
> 列于州县。"〔3〕

就是学馆,也没有绝对清浊士庶的隔别。

> 《新唐书·选举志》:"凡学六,皆隶于国子监:国子学生三
> 百人;以文武三品以上子孙,若从二品以上曾孙,及勋官二品县
> 公,京官四品带三品勋封之子为之。太学生五百人;以五品以
> 上子孙,职事官,五品期亲,若三品曾孙及勋官三品以上有封之
> 子为之。四门学生千三百人;其五百人以勋官三品以上无封,
> 四品有封,及文武七品以上子为之。八百人以庶人之俊异者为
> 之。律学生五十人,书学生三十人,算书生三十人,以八品以下
> 子及庶人之通其学者为之。……"〔4〕

这是打破门阀观念,很重要的原因。

第二点是选官不限流品。由周以来用人就不限流品,隋唐虽有
科举的制度,用人却不限定科举出身。并且每每流外的人,比明经
进士还要多些。

---

〔1〕《新唐书》,卷四五,页八。
〔2〕同上,卷四四,页一。
〔3〕同上,页三。
〔4〕同上,页一。

《通志选举略》:"开元十七年(公元729)三月,国子祭酒杨
玚上言:'臣窃见入仕诸色,杂色每岁向二千余人,方于明经进
士,多十余辈。'又高宗显庆初(公元656),黄门侍郎刘祥道奏
曰:'经学时务,等比杂色人二分不居其一。经明行修之士,尚
罕有正人,多取胥徒之流,岂可皆求德行?'"[1]

由显庆初到开元十七年没有多少时候,杂色人入仕者增加至五六倍
以上,可见士流在政治上的位置,差不多是他们全夺了去。所以到
唐朝末年宣宗时候(公元847—860),还有由旧门子弟出身的崔慎
由,想再做一番甄别流品的事业。

《新唐书·刘瑑传》:"尝与崔慎由议帝前。慎由请甄别流
品。瑑质曰:'王夷甫相晋,崇尚浮虚以逐流品,卒至沦夷;今日
不循名责实,使百吏各称其职,而先流品,未知所以致治也!'慎
由不能对。"[2]

真是不知时务! 但更可以知道不限流品,也为消灭门阀的一个重要
原因。

(二) 是朝廷故意的抑制

我曾说过六朝门阀的成功,与民族的迁徙很有关系,那时南北
分峙,都要依赖世族做他们的臂助。到隋唐统一之后,就无这种需
要了。《新唐书·高士廉传》唐太宗说:

齐据河北,梁、陈在江南,虽有人物,偏方下国,无可贵者,
故以崔卢王谢为重。今谋臣劳士以忠孝学艺从我定天下者,何
容纳货旧门,向声背实,买昏为荣耶?[3]

---

[1] 《通志》,卷五九,页一二——三。

[2] 《新唐书》,卷一八二,页一五。

[3] 同上,卷九五,页三。

其意隐隐可见。加以一班世族,好以门阀自矜,每至连帝室都瞧不起。

《梁书·王峻传》:"子琮为国子生,尚始兴王女繁昌公主。不惠,为学生所嗤,遂离婚。峻谢王。王曰:'此自上意,仆极不愿如此。'峻曰:'臣太祖是谢仁祖外孙,亦不藉殿下姻媾为门户。'"〔1〕

所以娄太后还怕崔家见笑。

《北齐书·崔㥄传》:"娄太后为博陵王纳㥄妹为妃,敕中使曰:'好作法,勿使崔家笑人。'"〔2〕

后来相习成风,社会上便公认他们的声望,比皇室还高,所以唐太宗愤愤不平地把崔幹贬为第三姓。

《新唐书·高士廉传》:"初,太宗尝以山东士人尚阀阅,后虽衰,子孙尤负世望,嫁娶必多取资,故人谓之卖婚。由是诏士廉与韦挺,岑文本令狐德棻责天下谱牒,……合二百九十三姓千六百五十一家为九等,号曰《氏族志》,而崔幹仍居第一。帝曰:'我于崔、卢、李、郑无嫌,顾其世衰,不复冠冕,犹恃旧地以取赀,不肖子偃然自高,贩鬻松槚,不解人间何为贵之。……朕以今日冠冕为等级高下。'遂以崔幹为第三姓,班其书天下。"〔3〕

说是厌恶他们的卖婚,恐怕还是其次的原因。世族对于帝室是如此,对于新贵的大臣,更也不在眼里。所以隋时高乾和虽亲要用事,求婚于赵郡李氏,还遭拒绝。

《隋书·李孝贞传》:"字元操,赵郡柏人人也。……世为著姓,……于时高乾和亲要用事,求婚于孝贞,拒之。"〔4〕

---

〔1〕《梁书》,卷二一,页五。
〔2〕《北齐书》,卷二三,页九。
〔3〕《新唐书》,卷九五,页三。
〔4〕《隋书》,卷五七,页九。

杨素更是权贵无比,崔儦却还有轻素之色。

《隋书·崔儦传》:"字岐叔,清河武城人也。……负恃才地,忽略世人。……越国公杨素时方贵幸,重儦门地,为子玄纵娶其女为妻,聘礼甚厚。亲迎之始,公卿满座,素令骑迎儦,儦故敝其衣冠,骑驴而至。素推令上座,儦有轻素之色,礼甚倨,言又不逊,素忿然拂衣而起,竟罢座。后数日,儦方谢素,素待之如初。"〔1〕

后来李义府便因此含恨,对于旧族,再加抑制。

《新唐书·李义府传》:"义府,瀛州饶阳人。已贵,乃言系出赵郡,与诸李叙昭穆,嗜进者往往尊为父兄行,给事中李崇德引与同谱。既谪普州,亟削去,义府衔之。及复当国,傅致其罪,使自杀于狱。贞观中(公元627—650),高士廉、韦挺、岑文本、令狐德棻修《氏族志》,凡升降,天下允其议,于是州藏副本以为长式。时许敬宗以不载武后本望,义府亦耻先世不见叙,更奏删正,……以仕唐,官至五品,皆升士流,于是兵卒以军功进者悉入书限,更号《姓氏录》。缙绅共嗤靳之,号曰勋格。义府奏悉收前志,烧之。自魏太和中(公元477—499),定望族七姓,子孙迭为婚姻。后虽益衰,犹相夸尚。义府为子求婚不得,遂奏一切禁止。"〔2〕

从太宗(公元627—650)时已经是降姓抑婚。

《新唐书·高士廉传》先是后魏太和中,定四海望族,以李宝等为冠,其后矜尚门地,故《氏族志》一切降之。王妃主婿,皆

---

〔1〕《隋书》,卷七六,页五一六。

〔2〕《新唐书》,卷一三三,页六一七。

取当世勋贵名臣家,未尝尚山东旧族。〔1〕

义府更想出禁婚之法。

> 《新唐书·高士廉传》:"又诏后魏陇西李宝,太原王琼,荥
> 阳郑温,范阳卢子迁、卢泽、卢辅,清河崔宗伯、崔元孙,前燕博
> 陵崔懿,晋赵郡李楷,凡七姓十家,不得自为婚。"〔2〕

这种政治的压迫,固然不能使门阀的观念一时消灭,至少也要给他
多少的影响。

有了这两种原因,世族在政治上和在社会上的地位,都已失去,
似乎专好门阀的观念,可以消灭了。其实殊不实然:因为这班抑制
世族的人,仍然是受门阀观念的支配。比如唐太宗最初要高士廉去
撰《氏族志》的标准,本还是"退新门,进旧族,左膏粱,右寒畯。"〔3〕
不过后来见了崔幹仍居了第一,便大不高兴,才另立出德、功、言、爵
四者,来做门户的标准。

> 《新唐书·高士廉传》:"太宗说:'太上有立德,其次有立
> 功,其次有立言,其次有爵为公卿大夫,世世不绝,此谓之门户。
> 今皆反是,岂不惑耶!'"〔4〕

其实不过是以今日的冠冕,代换了旧日的门户。所以说"我今定氏
族者,诚欲崇树今朝冠冕。"〔5〕就是高宗(公元 650—683)时候改订
的《姓氏录》,也仍是以本朝官爵为等级。

> 《新唐书·高士廉传》:"高宗时,许敬宗以不叙武后先世,
> 及李义府耻其家无名,更以孔志约、杨仁卿、史元道、吕才等十

---

〔1〕《新唐书》,卷九五,页四。
〔2〕〔3〕〔4〕 同上,页三。
〔5〕《图书集成氏族典引》,卷二,页二。

二人刊定,合二百三十五姓二千二百八十七家。帝自叙所以

然。以四后姓,酂公、介公及三公、太子三师、开府仪同三司、尚

书仆射为第一姓,文武二品及知政事三品为第二姓,各以品位

高下叙之,凡九等。"〔1〕

宜乎门阀的观念,一时不能除掉! 所以太宗虽然抑制山东旧族"后
房玄龄、魏徵、李勣复与昏,故望不减。"〔2〕李义府奏请禁婚之后,
依然潜相聘娶,反以为贵。

《新唐书·高士廉传》:"其后天下衰宗落谱昭穆所不齿者,
皆称禁昏家,益自贵,凡男女皆潜相聘娶,天子不能禁,世以为
敝云。"〔3〕

就是到文宗(公元 827—840)时还有"我家二百年天子,反不若崔、
卢"之叹。

《新唐书·杜羔传》:"文宗欲以公主降士族,曰:'民间婚姻,
不计官品而尚阀阅。我家二百年天子,反不若崔、卢耶!'"〔4〕

终唐之世,诸崔仍然为士族之冠。

《新唐书·崔远传》:"诸崔自咸通(公元 860—874)后,有
名历台阁藩镇者数十人,推士族之冠。〔5〕

又不仅崔、卢如此,六朝旧门如郑氏、韦氏、裴氏,都还是门第不衰,
足以睥睨一切。

《新唐书·郑仁表传》:"尝以门阀文章自高。"〔6〕

《韦陟传》:"又自以门品,可坐阶三公。"〔7〕

---

〔1〕〔2〕〔3〕《新唐书》,卷九五,页三一四。

〔4〕　同上,卷一七二,页七。

〔5〕　同上,卷一八二,页八。

〔6〕　同上,页九。

〔7〕《新唐书》,卷一二二,页一三。

《柳玭传》："东都仁和里裴尚书宽，子孙众盛，实为名阀。"〔1〕

这种现象，直到五代还可看见它的余影。

《五代史·崔居俭传》："崔氏自后魏、隋、唐与卢、郑皆为甲族，吉凶之事，名著家礼。至其子孙，专以门望自高，为世所嫉。"〔2〕

《卢程传》："豆卢革、卢汝弼二人皆故唐时名族，以程门地相等，因共荐之。后唐庄宗以卢程不能草文书，用冯道为掌书记，程大恨曰：'用人不先门阀而先田舍儿耶！'"〔3〕

不过从唐初提倡以功勋名德为门户之后，社会上对于门户的观念，也在逐渐改变，所以袁谊谓"名节风教，为衣冠顾瞩，始可称举"。

《旧唐书·袁朗传》："朗自以中外人物，为海内衣冠，虽琅邪王氏，继有台鼎，而历朝首为佐命，鄙之不以为伍。朗孙谊又虞世南外孙，神功中（公元697）为苏州刺史。尝因视事，司马清河张沛通谒，……谊揖之曰：'司马何事？'沛曰：'此州得一长史，是陇西李亘，天下甲族。'谊曰：'司马何言之失！门户须历代人贤，名节风教，为衣冠顾瞩，始可称举，老夫是也。夫山东人尚于婚媾，求于禄利；作时柱石，见危授命，则旷代无人，何可说之以为门户！'沛怀惭而退，时人以为口实。"〔4〕

其后称名门大族的，虽然各以门族自高，实亦名德有素。

《新唐书·宰相世系表序》："唐为国久，传世多，而诸臣亦各修其家法，务以门族相高。其贤材子孙，不损其名德，或父子

---

〔1〕《新唐书》，卷一六三，页二一。
〔2〕《五代史》，卷五五，页七，陶校崇祯三年汲古阁本。
〔3〕同上，卷二八，页二。
〔4〕《新唐书》，卷二〇一，页三。

相继,或累数世而屡显,或终唐之世不衰。呜呼,其亦盛矣! 然
其所以盛衰者,虽由功德薄厚,亦在其子孙。"〔1〕

比如萧氏为唐时名阀,亦由名德相望。

《新唐书·萧瑀传》:"赞自瑀至遘凡八叶宰相,名德相望,
与唐盛衰。世族之盛,古未有也!"〔2〕

就是后来诸崔之盛,也由名德所致,不全是旧门的关系。

《新唐书·崔澹传》:"时士大夫以流品相尚,推名德者为之
首。咸通中世推李都为大龙,甲涓豪放不得与,虽抑下犹不许,
而澹预焉。"〔3〕

这种门户的观念,与从前门阀的观念,内容已不尽相同。名德
存在,便是门户;子孙不肖,便一旦丧失尽了。

《新唐书·李勣传》:"谓弟弼曰:'我见房玄龄杜如晦高季
辅皆辛苦立门户,亦望诒后,悉为不肖子败之。'"〔4〕

《柳玭传》:"尝述家训以戒子孙曰:'夫名门右族,莫不由祖
考忠孝勤俭以成立之,莫不由子孙顽率奢傲以覆坠之。成立之
难如升天,覆坠之易如燎毛。'"〔5〕

门阀的消灭,也由这种观念的变迁,给他以很大的影响。至于
完全灭尽,则又由于五代的纷乱,衣冠人物,既死亡殆尽;谱牒也完
全散失,要讲门阀也不成功了。

《通志》:"自隋唐而上,官有簿状,家有谱系。……自五季以

〔1〕《新唐书》,卷七一,页一。
〔2〕同上,卷一〇一,页一五。
〔3〕同上,卷一八二,页七。
〔4〕同上,卷九三,页一一。
〔5〕同上,卷一六三,页二二。

来，取士不问家世，婚姻不问阀阅，故其书散佚而其学不传。"[1]
但是标称郡望的习惯，由明清以至民国都还存在。我们看这种门阀
观念消灭的不易，就可知道社会改革不像政治改革那样的容易，这
是很可值得我们注意的。

---

[1]《通志》，卷二五，页一。

论中国社会史上所谓士大夫阶级

近来有人谓中国之士大夫阶级,为中国治乱之原。盖承认士大夫为中国社会史上特有之阶级。这种论调,可以陶希圣君作为代表,现引其《中国社会之史的分析》一节如下:

> 到了战国时代,庶人起为卿相的,事实很多。贵族要保持其位,也相趋于养士,于是贵族中的进步者,与庶人中的优秀者,混成一个士大夫阶级。……贵族政治一变为官僚政治,贵族阶级被代替于士大夫阶级。……在资本主义社会,知识分子本散布于资产阶级与无产阶级之间,决没有自成阶级,而有其独特的利益的事情。中国士大夫阶级,却不尽然。先就其成因来说:(一)中国士大夫阶级,是封建贵族的扩大,其个人的生活赖地租,其阶级的生存赖赋税,其身份的信仰由于知识分子的独占,所以士大夫阶级,一方面和地主有共同的利益,一方面却与生产组织中任何阶级不同;(二)中国士大夫和庶人间流通性极大,选举或科举制度蒸发庶人中优秀分子加入于士大夫。与士大夫通婚者及士大夫的近亲常取得士大夫的身份。曾有官阶者,无论其由捐买或考试,都取得士大夫的身份,士大夫的子孙当继承父祖的光荣,所以庶人很容易升化为士大夫。为士大

夫,便不复以体力劳动为生活,所以士大夫很不易再做庶人。因此中国的士大夫数量随时代而俱增,每超过一个社会所必需的观念劳动者的数量。物质劳动者农工商以外,逐渐形成数量庞大而利益悬殊的士大夫阶级,这确是中国社会的一个特点。

再就其特质来说:(一)游惰性……(二)倚存性……(三)争讼性……由于以上各特质,士大夫阶级,实为中国治乱之原。

同时他这种主张,也有许多人出来反对,认为士大夫阶级,不过是统治阶级的代言者,不能成为一个特殊的阶级。现引张横君《评陶希圣的历史方法论》一节如下:

> 陶希圣所谓士大夫阶级就是所谓中间份子,即知识分子。这种份子,虽然是不会直接参加生产过程,然而他必然反映着某种基本阶级的利益,在过去的历史的事实告诉我们,知识分子,只是该统治阶级的拥护者,代言人,如封建社会的士大夫,是拥护封建地主的利益;资本主义社会的知识分子,则拥护资产阶级。……在中国过去历史上,士大夫阶级,的确会表现异常重要的作用,不过这种作用,绝不如陶希圣所说是超阶级,并代表各阶级利益的。反之中国古代的士大夫阶级,只是当代封建地主贵族的代言者,他的任务,不过是巩固地主的统治地位而已。

因为各种见地的不同,遂成为中国社会史上一个论战的问题。不过他们见解的不同,根本是由于他们对于中国社会的认识各异。大概陶希圣君认为战国以后,已经不是完全的封建社会,所以说士大夫阶级代贵族而起。张横君则认为封建社会在战国以来,并未曾崩坏,所以不承认士大夫是一个代贵族而起的特殊阶级。关于这个根本问题,我觉得李季君《对于中国社会史论战的贡献与批评》一文中的分期,较为妥当。

（一）自商以前至商末，原始共产主义的生产方法时代（至公元前 1402 年止）；

（二）自殷至殷末，亚细亚生产方法时代（公元前 1401 年至 1135 年止）；

（三）自周至周末，为封建的生产方法时代（公元前 1134 年起至 247 年止）；

（四）自秦至清鸦片战争前，为前资本主义的生产方法时代（公元前 246 年起至公元后 1839 年止）；

（五）自鸦片战争至现在，为资本主义的生产方法时代（1840 年起）。

则由秦以来，确非完全封建社会。张横君的立论基本，未免动摇。但所谓前资本主义社会的特征，李君所标举之重要点是：

（一）小农业与家庭工业的直接结合，构成一个地方小市场的网；

（二）高利贷资本和商人资本，很占优势；

（三）商业宰制工业；

（四）地主阶级和其他上等阶级的存在；

（五）独立生产等——手艺工人——的存在。

这时是否以地主阶级，就是代表一切统治阶级？或许还有其他上等阶级，如士大夫者，可以成立特殊的阶级？却是仍然不易断定。所以士大夫阶级之是否可以成立，还须从中国历史上去解剖。不过中国历史上所谓士大夫阶级，也每因时代而稍有不同，现且分期略叙其历史：

（一）初期的士大夫阶级

春秋以前所谓士大夫，是小贵族阶级，不在本文范围之内。现在所要讨论，是战国时代新兴的士大夫阶级。当时因为贵族政治的黑暗与崩坏，平民中的优秀分子，起而谋政治上的活动。同时稍为进步的贵族，也争招纳这种优秀分子，以为政争的工具，因此大开养士之风。当时如孟尝、平原、信陵、春申以及吕不韦等，同以养士取得政治上重要的地位。

（一）《史记·孟尝君传》："孟尝君在薛，招致诸侯宾客及亡人有罪者，皆归孟尝君。孟尝君舍业厚遇之，以故倾天下之士，食客数千人。"

（二）《平原君传》："平原君家楼临民家，民家有躄者，盘散行汲。平原君美人居楼上临见，大笑之。……乃斩笑躄者美人头，自造门进躄者，因谢焉，其后门下乃复稍稍来。是时齐有孟尝，魏有信陵，楚有春申，故争相倾以待士。"

（三）《信陵君传》："公子为人仁而下士，……士以此方数千里争往归之，致食客三千人。……魏有隐士曰侯嬴，年七十，家贫，为大梁夷门监者，公子闻之，往请。……朱亥笑曰：'臣乃市井鼓刀屠者，而公子亲数存之……'闻赵有处士毛公藏于博徒，薛公藏于卖浆家，公子欲见两人……"

（四）《吕不韦传》："当是时魏自信陵君，楚有春申君，赵有平原君，齐孟尝君，皆下士，喜宾客以相倾。吕不韦……亦招致士，厚遇之，至食客三千人。是时诸侯多辩士，如荀卿之徒著书布天下，吕不韦乃使其客人人著所闻，……号曰《吕氏春秋》……"

看他们所养之士，从辩士以下，甚至鸡鸣狗盗之徒（《孟尝君传》），屠人赌鄙之类，无所不有，而其出身，则大抵都由寒贱，由上举诸例可知。至于当时诸侯，亦复礼贤下士，如燕昭、魏文、齐宣之类，所招纳亦复不少。

（一）《燕策》："昭王为郭隗筑宫而师之,乐毅自魏往,邹衍自齐往,剧辛自赵往,士争凑燕……"

（二）《吕览·下贤》："文侯可谓好礼士矣。好礼士,故南胜荆于连堤,东胜齐于长城。"

（三）《史记·田敬仲完世家》："宣王好文学游说之士,自如驺衍、淳于髡、接予、田骈、慎到之徒,七十六人,皆赐列第为上大夫,不治而议论。是以齐稷下学士复盛,且数百千人……"

这中间齐之学士如驺衍以下,燕之谋士如乐毅以下,魏之文士如段干木、田子方等,固多知名之士。但也大抵都非出身于贵族,而系平民之优秀分子。所以《齐策》说:

今夫之士高者,乃称匹夫而处农亩,下则鄙野临门闾里,士之贱也亦甚矣。

当时这种由平民阶级新兴的士大夫势力之盛,前引诸证,已可略窥一斑了。但是这种士,其种类非常复杂,大别言之,可分为游士与侠士之二类。以学术政策下至一巧一技,以干时君,都可谓之游士,每每一朝而登公卿,如苏秦、张仪,不必说了。其次如虞卿、范雎、蔡泽等,都是好的例证:

（一）《史记·虞卿传》："虞卿者,游说之士也。蹑蹻担簦,说赵孝成王,一见赐黄金百镒,白璧一双。再见为赵上卿。"

（二）《范雎传》："游说诸侯,欲事魏王,家贫无以自资,乃先事魏士大夫须贾,……王稽因言曰:'魏有张禄先生者,天下辩士也。'……秦王乃拜范雎为丞相。"

（三）"蔡泽者,燕人也。游学干诸侯,小大甚众,不遇。……泽乃西入秦,……范雎曰:'蔡泽其人辩士,……足以寄秦国之政。'……遂拜为秦相。"

就是孟子、荀子虽说不遇于时，也曾为齐之卿大夫。侠士，则如四君所招纳之士。

> 《孟尝君传》："太史公曰：吾尝过薛，其俗闾里率多暴桀子弟，与邹鲁殊，问其故，曰：孟尝君招致天下任侠奸人入薛中，盖六万余家矣。"

其显著者如毛遂、唐且之徒，聂政、荆轲之类。

> 《魏策》："秦王曰：'布衣之怒，亦免冠徒跣，以头抢地尔。'唐且曰：'此庸夫之怒也，非士之怒也。夫专诸之刺王僚也，彗星贯日；聂政之刺韩傀也，白虹贯日；要离之刺庆忌也，苍鹰击于殿上，此三子者，皆布衣之士也。……与臣而将四矣。若士必怒伏尸二人，流血五步，天下缟素，今日是也。'挺剑而起，秦王色挠，长跪而谢之。"

他们虽未能一朝而获大位，也每能取得相当之地位与声价。其下者则为豪强于乡里，但如太史公《游侠列传》所说：

> 自秦以前，匹夫之侠，湮没不见，余甚恨之。以余所闻，汉兴有朱家、田仲、王公、剧孟、郭解之徒，虽时扞当时之文罔，然其私义廉洁退让，有足称者。名不虚立，士不虚附。至如朋党宗彊比周设财，役贫豪暴，侵凌孤弱，游侠亦丑之。（按史公此说，亦据其好者而言，看后引《灌夫传》可知。）

也多自有相当之品格。所以当时这两类之士，都很看重自己的声价。

> （一）《齐策》："齐宣王见颜斶曰：'斶前。'斶亦曰：'王前！'左右曰：'王，人君也，斶，人臣也。王曰斶前，斶亦曰王前，可乎？'斶对曰：'夫斶前为慕势，王前为趋士。'王忿然作色曰：'王者贵乎？士贵乎？'对曰：'士贵乎，王者不贵。'"

（二）《赵策》："平原君以千金为鲁连寿，鲁连笑曰：'所贵
于天下之士者，为人排患释难，解纷乱而无所取也。'"

这是战国时代新兴的士大夫阶级之略史，到了秦人统一，法家用事。
于是韩非子所谓五蠹中的儒以文乱法，侠以武犯禁者，同为政府所
不用。他们既受了这种打击，乘秦始皇一死便纷纷的起来捣乱。游
士则有陈平、郑生、范增之徒，以口舌谋策，辅助亡秦的运动。

《陈丞相世家》："少时家贫，好读书，有田三十亩，独与兄伯
居。伯常耕田，纵平使游学。……平既娶张氏女，赍用益饶，游
道日广。……"

又《郦生传》："好读书，家贫落魄，无以为衣。……"

又《项羽本纪》："范增年七十，素居家，好奇计。……"

侠士则有张耳、陈余、刘邦等自己动手。

《张耳陈余列传》："张耳者，大梁人也。其少时，及魏公子
毋忌为客。张耳尝亡命游外黄，……女家厚奉给张耳，张耳以
故至千里客，……名由此益贵。陈余者，亦大梁人也，好儒术，
数游赵井陉。……父事张耳，两人相与为刎颈交。……高祖为
布衣时，尝从张耳游。容数月，秦灭魏，已闻此两人，魏之名士
也。购求有能得张耳千金，陈余五百金……"

因此打开了西汉布衣将相之局。

《樊郦滕灌列传》："太史公曰：吾适丰沛，问其遗老，故萧、
曹、樊哙、滕公之家及其素，异哉所闻！方其鼓刀屠狗卖缯这
时，岂自知附骥之尾，垂名汉庭，德流子孙哉？"

虽然高祖已经在利用叔孙通等起朝仪，文帝以后渐置博士，对于以
前所谓游士侠士者，渐生疾视，然在西汉武、宣尚未实行中央集权政
策之前，他们仍然是十分的活跃。

《汉书·游侠列传》："……及至汉兴，禁网疏阔，未之匡改也。是故代相陈豨，从车千乘。而吴濞、淮南皆招宾客以千数。外戚大臣魏其、武安之属，竞逐于京师。布衣游侠剧孟、郭解之徒，驰骛于闾阎。权行州域，力折公侯，众庶荣其名迹，觊而慕之。"

季布、袁盎、灌夫之徒，并以任侠显名于汉。

《季布传》："楚人也，为任侠有名。……弟心气盖关中，遇人恭谨，为任侠，方数千里，人争为死。尝杀人亡吴，从袁丝（盎）匿。长事袁丝，弟畜灌夫、籍福之属。"

又《灌夫传》："夫不好文学，喜任侠，已然诺，诸所与交通，无非豪杰大猾，家累数千万，食客日数十百人，坡池田园，宗族宾客为权利，横颍川。"

主父偃、徐乐、严安之徒，也以游说见用。

《史记·主父偃传》："学长短纵横之术，……游齐诸生间，莫能厚遇也。……酒北游燕赵中山，皆莫能厚遇，为客甚困，……以为诸侯莫足游者，乃西入关见卫将军。……是时赵人徐乐，齐人严安俱上书言世务，……于是乃拜主父偃、徐乐、严安为郎中……"

然自削弱诸侯以后，游士只有中央一途，其进身又复不易。而任侠则以法网之密，更复不易存在。所以西汉之后，这种游士侠士造成了士大夫阶级逐渐消灭，而博士儒生之新士大夫阶级，又代之而起了。（按《游侠列传》武、宣后尚有楼护、陈遵、原涉数人，但已不及以前之盛，可视为游侠之余波。）如果上面的观察不误，则初期之士大夫阶级，可有下面几种特征：

（一）其出身全由平民；

（二）其活动依赖游说的方式，或是任侠的行为；

（三）其结果成为官僚地主，或是本地的豪强。

依这几种特征，他们只有出身相同。其结果，已不能完全一致，其方式更不一样。是否能算为一个阶级，就很有可疑。假如说是任侠不算士大夫，则战国所养士，大半近于任侠，就算这种方式不必问他，止看他们的阶级意识如何。据我看他们在未得意之先，只是官僚地主的候补者，所以他们自己常常表示这种口吻。

（一）《蔡泽传》："谓其御者曰：'（未得志时），吾持粱刺齿肥，跃马疾驱，怀黄金之印，结紫绶于要，揖让人主之前，食肉富贵，四十三年足矣。'"

（二）《陈丞相世家》："里中社，平为宰分肉食甚均。父老曰：'善陈孺子之为宰。'平曰：'嗟乎！使平得宰天下，亦如是矣。'"

（三）《高祖本纪》："高祖常繇咸阳，纵观秦皇帝，喟然太息曰：'嗟乎！大丈夫当如此也。'"

到了得志之时，便自然成了官僚地主之一份子，持粱食肥，便是他们的阶级意识，固然中间也有一部分学者，但如不治而议论的列大夫，过那高门大屋的生活，也自然不能放在官僚地主之外。

《孟子荀卿列传》："自淳于髡以下，皆命曰列大夫，为开第康庄之衢，高门大屋，尊宠之，览天下诸侯宾客，言齐能致天下贤士也。"

只苦了少数侠客，全为着荣名而牺牲自己。这可视为例外。

（二）第二期的士大夫阶级

战国至秦，虽然已有博士，而所谓博士者，既仅备员不用，且不限于儒生，只是这一期士大夫的最初埋伏之根芽。

《秦始皇本纪》："博士虽七十人,特备员不用。"又使博士为仙真人诗,又有占梦博士。汉初依然如此,不过一种文雅的点缀。(文帝时,齐人公孙臣上书,陈终始五德传,文帝召以为博士,也非经生。)文帝时置一经博士,始有博士七十人。

> 《后汉书·翟酺传》："孝文黄帝始置一经博士。"

> 又《汉官仪》："文帝博士七十余人。"

至武帝置五经博士(《本纪》),引用公孙弘为相,表彰儒术,而后文学之士渐盛。

> 《汉书·儒林传》："公孙弘以治《春秋》为丞相封侯,天下学士,靡然向风矣。……为博士官置弟子五十人,复其身。太常择民年十八以上仪状端正者,补博士弟子。……一岁皆辄课,能通一艺以上,补文学掌故缺,其高第可以为郎中。……自此以来,公卿大夫士吏,彬彬多文学之士矣。昭帝时聚贤良文学,增博士弟子员满百人,宣帝末增倍之。元帝好儒,能通一经者皆复。……更为设员千人,郡国置五经百石卒史。成帝末,……增弟子员三千人。平帝时,……岁课甲科四十人为郎中,二十人为太子舍人,丙科四十人补文学掌故之缺。"

其后平帝广置郡国学校(《本纪》),至后汉天下学校如林。

> 班固《东都赋》："四海之内,学校如林,庠序盈门。"

而大学也多至三万余生。

> 《后汉书·儒林传》："及光武中兴,爱好经术,……四方学士,……莫不抱负坟策,云会京师。……本初元年,……自是游学增盛,至三万余生。"

其他私塾之发达,如牟长、丁恭、楼望、蔡玄等,弟子多至数千或万余人(《本传》)。这都是当时由学校出身之儒士。学校之外,则有乡举里选的选举,汉初虽有贤良方正直言极谏之科(《孝文纪》及《后汉书·左雄传论》),尚为不时之特举。至武帝又加茂才孝廉的常举,选举之人才乃渐加多。

> 《宋书·百官志》:"汉武元封四年,令诸州岁各举秀才一人,后汉避光武讳改茂才,……并对策问。又元光元年,始令郡国举孝廉,制郡口二十万以上,岁察一人,四十万以上二人,六十万三人,八十万四人,百万五人。……"

东汉以后,其名目又复加多,有所谓独行高节之科。

> 《后汉书·左雄传论》:"汉初诏举贤良方正,州郡察孝廉秀才,斯亦贡士之方也。中兴以后,复增敦朴、有道、贤能、直言、独行、高节、质直、清白、敦厚之属,荣路既广,缺望难裁,自是窃名伪服,浸以流竞,权门贵仕,请谒繁兴。"

这种选举,大抵都须策问,其份子也大抵都属儒生。

> 《孝武本纪》:"元光元年记贤良曰:'贤良明于古今王事之体,受策察问,咸以书对,朕亲览焉。'于是董仲舒、公孙弘等出焉。"

看《监铁论》所载贤良之学的议论,益发明白。且每有博士或他官再被举者(《通考》),所以与学校也非截然的两途。这种士大夫从西汉中叶以后,已逐渐上了政治舞台。

> 《汉书》卷八十一:"自孝武兴学,公孙弘以儒相,其后蔡义、韦贤、玄成、匡衡、张禹、翟方进、孔光、平当、马官及当子晏,咸以儒宗居。宰相位,服儒衣冠,传先王语,其酝藉可也。然皆持禄保位,被阿谀之讥。"

东汉开国君臣,大多出于儒生(《廿二史劄记》),光武鉴于以前士大夫之无廉耻,乃以名节相砥砺。

《日知录》:"自孝武表章六经之后,师儒虽盛而大义未明。……光武有鉴于此,故尊崇节义,敦厉名实,所举用莫非经明行修之人,而风俗为之一变。"

因此而东京之士风,极为后世所称道。

《左雄传论》:"至乃英能承风,俊乂咸事,若李固、周举之渊谟弘深,左雄、黄琼之政事贞固,桓焉、杨厚以儒学进,崔瑗、马融以文章显,吴祐、苏章、种嵩、栾巴牧民之良干,庞参、虞诩将帅之宏规,王龚、张皓虚心以推士,张纲、杜乔直道以纠违,郎颉阴阳详密,张衡机术特妙。东京之士,于兹盛焉。……及孝桓之时,硕德继兴,陈蕃、杨秉,处称贤宰,皇甫、张、段,出号名将,王畅、李膺,弥缝衮阙,朱穆、刘陶,献替匡时,郭有道奖鉴人伦,陈仲弓宏道下邑,其余宏儒远志,高心洁行,激扬风流者不可胜言。"

其结果虽以自相品题,造成党锢之祸。

《党锢传序》:"海内希风之士,遂共相标榜,指天下名士为之称号,上曰三君,次曰八俊,次曰八顾,次曰八及,次曰八厨……"

而身价却因之益高,社会地位,遂至不可摇动,加以当时选举,已经有了偏重门阀之风。

(一)《后汉书·章帝本纪》:"建初二年诏曰:夫乡举里选,必累功劳,今刺史守相,不明真伪,……甚无谓也。每寻前世举人贡士,或起畎亩,不系阀阅,……朕甚嘉之。"

(二)《韦彪传》:"是时陈事者率言郡国贡举,率非功次。……彪乃上疏曰:士宜以才行为先,不可纯以门阀。"

而政治上之自然原则,达官子弟,又每易取得政治上之地位,偏重世族之习,也为不可避免之事。

《南齐书·褚渊王俭传论》:"自金、张世族,袁、杨鼎贵,委质服义,皆由汉氏,膏腴见重,事起于斯。"

所以当时所谓士大夫者,已不能谓之全由平民出身了。三国以后,因着汉末名士品题之风,而改行九品中正法之选举。

《后汉书·许劭传》:"劭与兄靖,俱有高名,好共品题乡党人物。每月辄更其品题。故汝南俗有月旦评焉。"

其法系由州郡中正,先将人物品题,第为九品,而后付尚书随品选用。

《廿二史劄记》:"魏文帝初定九品中正,郡邑设小中正,由小中正品第人才以上大中正,大中正核实以上司徒,司徒再核,然后付尚书选用。"

但其中正,既多为显宦,其所选举遂也尽属世族的子弟。

《新唐书·柳冲传》:"魏氏立九品,置中正,尊世胄,卑寒士,权归右姓。其州大中正、主薄、郡中正、功曹,皆取著姓士族为之,以定门胄,品藻人物。"

因此造成"上品无贱族,下品无高门"之现象。

《宋书·恩倖传论》:"州都郡正,以才品人,而举世人才,升降盖寡。徒以冯籍世资,用相凌驾。都正俗士,斟酌时宜,品目多少,随事俯仰,刘毅所谓'下品无高门,上品无贱族'者也。岁月迁讹,斯风渐笃,凡厥衣冠,莫非二品。自此以下,遂成卑庶。"

加以从晋以来,世族及士人子孙,又有一种荫亲荫客之制。

《晋书·食货志》:"其官品第一至于第九,各以贵贱占田。……而又各以品之高卑,荫其亲属。多者及九族,少者三世。宗室先贤国宾之后及士人子孙如之。而又得荫人以为衣

食客及佃客。品第六以上得衣食客三人，第七第八品二人，第
九品一人，其应有佃客者，官品第一第二者，佃客无过五十户，
第三品十户，第四品七户，第五品五户，第六品三户，第七品二
户，第八第九品一户。"（按《隋志》东晋第一品五十户，以下递减
五户。）

世族子弟，成为法定的以贵役贱之地主阶级。（按此即汉制之复而
加甚者。）

《宋书·恩倖传》："魏晋以来，以贵役贱，士庶之科，较然
有别。"

因此六朝的士大夫，成了一种世袭的制度。其高官厚禄，大致都为
世俗子弟所专有，而寒士只能为胥吏贱职。

《梁书·高祖本纪》："且闻中间立格，甲族以二十登仕，后
门以过立试吏。"

又《南史·张缵传》："秘书郎有四员。宋齐以来，为甲族起
家之选，待次入补其职。例数十日，便迁任。"

又《南齐书·王琨传》："王俭为宰相，属琨用东海郡迎吏，
琨为信人曰：'语郎，三台五省，皆是郎用人，外方小郡，当乞寒
贱，省官何为复夺之！'"

并且当时士大夫不能与寒士通婚：

《文选·沈休文奏弹王源》："风闻东海王源嫁女与富阳满
氏，……王、满联姻，实骇物听。……此风勿剪，其源遂开，点世
尘家，将被比屋。宜置之明科，黜之流伍。"

又《魏书·高祖本纪》："太和二年诏：皇族贵戚及士民之
家，不惟氏族高下，与非类为婚。先帝亲发明诏。为之科禁。"

所以当时大家如崔巨伦有姊，已眇一目，还不肯嫁与卑族（《本传》），

而寒人能得士家之女，便认为殊赏了。

《北史·陈元康传》："左卫将军郭琼以罪死，子妇范阳卢道虔女也，没官。神武启之，以赐元康为妻。元康地寒，时人以为殊赏。"

而寒人就能以特种原因，作了官僚，也不能与士大夫同等。

《南史·江敩传》："梁中书舍人纪僧真幸于武帝，稍历军校，容表有士风。谓帝曰：'臣小人，出自本县武吏，邂逢圣时，阶荣至此。……唯就陛下，乞作士大夫。'帝曰：'由江敩、谢瀹，我不得措意，可自诣之。'僧真乘旨诣敩，登榻坐定，敩便命左右，移吾床让客。僧真丧气而退，告武帝曰：'士大夫故非天子所命！'"

这时的士大夫，真可谓之特殊阶级了，但是一考其内容，他们有了许多佃客，又有许多的私奴与庄园。

《晋书·习协传》："有田万顷，奴婢数千人，余资称是。"

又《颜氏家训》："邺下有一领军，家童八百，誓满一千。"

又《隋书·食货志》："北齐定令亲王奴婢受田者止三百人，嗣王止二百人，第二品嗣王以下及庶姓王止一百五十人，正三品以下及王宗止一百人，七品以上限止八十八人，八品以下至庶限止六十人。奴婢限外不给田者皆不输。"

还有许多投靠者的义故门生。

《晋宋书故》："勋戚势家，私人冗从，依附户籍，视同家奴，谓之门生。江左以来，此风尤盛。"

《宋书·谢灵运传》："奴童既众，义故门生数百。"

《徐湛之传》："门生千余人，皆三吴富人之子，资质端妍，衣服鲜丽。每出入行游，涂巷盈满。泥雨日悉以后车载之。"

而《顾琛传》："尚书寺门有制，八坐以下门生随人者各有差，不得杂以人士。"其为冗贱可知。然此辈进身夤缘，招纳苞苴之行，率皆不免。故《颜竣传》云："多假资礼，解为门生，充朝满野，殆将千计。"然则招权纳贿，奸利之兴，非职此之由乎？梁傅昭不蓄私门生，良有鉴于此耳。有时还有许多的部曲。

　　《梁书·张孝秀传》："有田数十顷，部曲数百人，率以力田。"

　　又《新唐书·食货志》："凡主户内有课口者为课户，若老及男废疾笃病，寡妻妾，部曲客女奴婢，凡视九品以上官不课。"

他们止是一种，兼为官僚的大地主，其情形很与古之贵族相近，所以普通谓之变相贵族，自然也不能说是什么超阶级的特殊阶级。总之，这一期的士大夫阶级，有下列的特征：

　　（一）其出身在早有一部分是平民，到后来却全是士大夫的子弟；

　　（二）其活动方式，全是依赖选举或学校，后来尤大半在选举；

　　（三）其结果造成世袭的官僚地主。

依这种情形来看，很可明了士大夫不能离开官僚地主而自成为阶级。

（三）第三期的士大夫阶级

　　自从六朝用九品中正之后，造成世族独占之政治局面，而其弊端百见，自晋以来，早已不满于一班有识之士。到隋室统一，遂决然另立科举制度。

　　《新唐书·选举志》："德宗时，太常寺协律郎沈既济议曰：

　　按前代选用，皆州府察举，至于齐隋，不胜其弊。凡所署置，皆由请托。故当时议者以为率私，不若自举，与其外监，不若内收，是以罢州府之权，而归于吏部。"

科学之士，其来源略分学馆与乡贡两途。学馆生徒除国子监、太学生，及弘文、崇文二馆，为贵族所有而外，其他皆有平民之分子。

《通考》："唐制凡学六，皆隶于国子监，国子学生三百人，以文武三品以上子孙，若从二品以上曾孙及勋官二品，县公京官四品，带三品勋封之子为之。太学生五百人，以五品以上子孙，职事官五品期亲，若三品曾孙及勋官三品以上有封之子为之。四门学生千三百人，其五百人以勋官三品以上无封，四品有封，及文武七品以上子为之。八百人以庶人之俊异者为之。律学生五十人，书学生五十人，算学生五十人，以八品以下子及庶人之通其事者为之，京都学生八十人，上都督中都督府上州各六十人，下都督府中州各五十人，下州四十人，京县五十人，上县四十人，中县中下县各三十五人，下县二十人。……凡馆二：门下省有弘文馆生三十人，东宫有崇文馆生二十人……"

乡贡更是怀牒自举，自然更无限制。

《新唐书·选举志》："举选不繇学馆者谓之乡贡，皆怀牒自列于州县。"

所以当时有觅举之称，言其自求自售。

《旧唐书》："薛谦光上疏言：今之举人，有乖事实，乡议决小人之笔，行修无长者之论，策第喧竞于州府，祈恩不胜于拜伏，或明制才出，试遗搜剔，驱驰府寺之门，出入王公之第，上启陈诗，唯希歆缒之泽，摩顶至足；冀荷提携之恩，故俗号举人，皆称觅举。觅者，自求之谓也。"

有了这种科举，则世族独占之制，自然崩坏。而所谓士大夫者，其出身也自然不限于世族子弟了。但是当时崇尚世族的余风未息,李肇《国史补》言李积门户第一而有清名,常以爵位不如族望,虽官至郎中刺史,与人书札,犹称陇西李积。这还是自矜门第,不足为奇,而当时所谓士大夫者,却也仍然对于他们,加推重,就在政治上,也仍然保存一部势力。

> 《新唐书·崔远传》:"诸崔自咸通后,有名历台阁藩镇者数十人,推士族之冠。"

> 又《五代史·卢程传》:"豆卢革、卢汝弼二人皆故唐时名族,与程门第相等,因共荐之。"

并且科举之中也仍不能全脱尊崇世族之习。

> 《中国风俗史》:"垂拱中,纳言魏玄同疏称:'今贵戚子弟,例早求官,或龆龀之年,已腰银印,或童丱之岁,已袭朱紫。虽技能浅薄,而门阀有素,遂尔资望自高。'张鷟《朝野佥载》张文成曰:'选司考选,总是假手冒名,势家嘱请,手不把笔,即送东司,眼不识文,被举南馆。'可见世族之子第之幸进,由于崇重门阀矣。"

不过到了唐代之后,那种专讲门阀而不论家风的恶习,已渐为一班人士所嫉。

> 《五代史·崔居俭传》:"崔氏自后魏隋唐与卢、郑皆为甲族,吉凶之事,名著家礼,至其子孙,专以门望自高,为世所嫉。"

而另有所谓讲究家法的门户观念,代之而起。

> 《旧唐书·袁朗传》:"朗目以中外人物,为海内衣冠,虽浪邪王氏,继有台鼎,而历朝首为佐命,鄙之不以为伍。朗孙谊,又虞世男外孙。神功中,为苏州刺史,尝因视事,司马清河张沛通谒,……谊揖之曰:'司马何事?'沛曰:'此州得一长史,是陇

西李矗,天下甲族。'谊曰:'司马何言之失!门户须历代人贤,名节风教,为衣冠顾瞩,始可称举,老夫是也。夫山东人尚于婚媾,求于禄称,作时柱石,见危授命,则旷代无人,何可说之为门户!'沛怀惭而退,时人以为口实。"

这种门户,虽不如从前那样门阀,成为长期的世族。

《唐书·柳王传》:"赘述家训以戒子孙曰:夫名门右族,莫不由祖考忠孝勤俭以成立之,莫不由子孙顽率奢傲以覆坠之。成立之难如升天,覆坠之易如燎毛。"

却也不能不算是世袭的士大夫。自宋以来,旧的门阀,虽然消灭。而所谓门户者,则仍为士大夫所必讲求。如宋《司马温公家范》《袁氏世范》,可为代表。而宋世名家如韩氏、范氏、吕氏,也真不愧门户二字。

《宋史·韩琦传》:"琦相三朝,……忠彦世清英美。"

《范仲淹传》:"纯仁位过其父,而几有父风。"

《吕公著传》:"公著父子,俱位至宰相。……希哲希纯,世济其美。"

其不孝者,则如明代世家子弟,每每横于乡里,为平民所苦。

《明史·杨士奇传》:"子稷居乡,尝侵暴杀人,……又有人发稷横虐数十事,乃下之理。"

又《姬文久传》:"董二者,故巡绥巡抚董国光子,君乡横暴,民不聊生。"

总之,在这一期,世族仍有相当之势力。就非世族,而一旦变成官僚,则投靠者纷来。

《日知录》"奴仆条":"今日江西士大夫多有此风,一登仕籍,此辈竞来门下,谓之投靠。多者亦至千人。"

自然非成地主不行了。所以这一期士大夫的特征,是:

　　(一) 其出身半由平民,或许一半为世族子弟;

　　(二) 其活动方式,大致依赖科举;

　　(三) 其结果都成了官僚地主。(有一部为世袭的官僚
地主。)

由以上的结论,则无论是初期的士大夫阶级,或是二期、三期的士大夫阶级,他们的内容,虽有许多花样,而其结果,无一不是归宿到官僚地主。陶希圣君想将他们和官僚地主分家,恐怕为不可能之事,所以我虽不赞同秦以来仍然为封建社会的主张,而对于士大夫阶级的结论,却与张横君的意见相近。

(原载于《湖南大学期刊》第八期,1933 年 4 月)

三老考

（一）三老之命名

三老之得名，本以老者为之，故有老称。

《后汉·章帝纪》诏曰："三老，尊年也。"

至何以称之为三，则异说颇多，兹请分举于次：

（一）取三才之义　宋均曰："三老，老人知天地人事者。"刘攽谓本以知天地人三才，故谓之三老。亦祖宋说。此以三老为取三才之义。《汉官仪》："三者，道成于天地人。"亦主此说。

（二）取三公之义　《礼记》卢植注："选三公老者为三老。"《续汉志》："用其德行年耆高者三公一人为三老。"此以三老本选三公为之，乃取三公之义。

（三）取三德之义　郑玄曰："三老五更，皆老人更知三德五事者也。"是三老当取三德之义。《周礼·师氏》："以三德教国子。"疑郑所本。

（四）取三辰之义　郑玄又谓："三老、五更，各一人也。名以三五者，取象三辰五星，天所因以照明天下者。"则三老当取三辰之义。

（五）取三人之义　《礼记正义》引蔡邕以为更字为叟。叟，老称。又以三老为三人，五更为五人。是蔡以三老乃取三人之义。

（六）取三寿之义　李奇曰："王者父事三老，兄事五更。《诗》

云'三寿作朋'。"按,《左传》:"三老冻馁。"杜注:"上寿、中寿、下寿也。"正李奇引《诗》三寿解三老之义。是以三老本取三寿之义。

按,《续汉志》:"养三老五更,先吉日,司徒上大傅若讲师故三公人名。"则三老不独三公为之。汉时为三老者,如鲁丕再为三老,李充为国三老,皆见本传。既非三公,亦非讲师,则三老非取三公之义甚明。《明帝纪》李躬为三老,桓荣为五更。三老五更,皆一人为之。又如《高帝纪》新城三老董公。《戾太子传》壶关三老茂,皆三老明为一人,则蔡邕三人之说亦非。三才、三德、三辰之说,虽皆可附会,而要与三老之义,不甚关切。惟三寿一说,当是三老之本义。诗人言三寿,三老时变言三老。老、寿同义,本为一语之转。《左传》之三老,尚非官名。足知三寿三老,本老人之通称。战国秦汉,因三老一语,而置三老之官。最初为乡三老,本取乡老人为之,因以三老名其官。若为三镐公,则乡三老岂可以三公为之? 其余各说,亦皆非三老本义。由此知三老之官,本由三老三寿一语而得名。至王莽时乃于明堂养三老五更。更当为叟,五者三之次数,汉人每以三五并言。《班固传》:"勋兼乎在昔,事勤乎三五。"又曰:"至乎三五华夏,京迁镐毫。"其他言三五者甚众。因三老而益以五更,已失三老之本义。故解者率以三辰五星、三才五行、三德五事为说。实则三五为古人数字之实用者,亦不能胶柱于一说,然皆非三老命名之本义矣。

(二)三老之原始

三老之种别有四:一曰乡三老,二曰县三老,三曰郡三老,四曰国三老。四者原始之时期,亦各不同,兹请依次叙之:

(一)乡三老 乡三老之原始,似在战国时已有之。《史记·滑稽列传补》:"西门豹为邺令……问之民所疾苦。长老曰:'苦为河伯娶妇,以故贫。'豹问其故。对曰:'邺三老、廷掾,常岁赋敛百姓,收取其钱得数百万,用其二三十万为河伯娶妇,与祝巫共分其余钱持归。'"又曰:"三老、官属、豪长者、里父老皆会。"又:"豹曰:'巫妪弟子,是女子也,不能白事,烦三老为入白之。'复投三老河中。"据此则魏文侯时已有之。然此出自汉人之追叙,是否可据,尚难确定。惟乡三老,主一乡之教化,似与春秋时乡校有关。春秋时郑犹有乡校,见于《左传》。疑战国兵争,乡校尽废,乃变为三老。虽乡校为学校教育,三老为普通社会教育,性质稍殊,其必由乡校脱变,则可断言。且春秋以前,官制多与周同;战国以降,官名多与秦近。则秦制之乡三老,或系因袭战国之制,亦未可知。惟战国时三老之制,当未普遍,至秦乃划一耳。《汉书·百官表》乡有三老,掌教化,皆秦制也。则秦之有三老,固毫无疑义。汉承秦制,三老一名,时见各帝本纪中。然则乡三老之原始,当自战国,而普遍则始于秦汉也。

(二)县三老 县三老一名,始见《高帝本纪》。举民年五十以上有修行能率众为善,置以为三老,乡一人。择县三老一人,为县三老。汉初即有县三老,疑本秦制。且如新城三老,是否为乡三老,抑为县三老,史无明文。又《陈胜传》:"乃入据陈,数日召三老豪杰会议事。"亦秦之三老,然不能定其为乡三老,抑为县三老。据高帝初年之制度,大致皆本秦制,无所变革,则县三老,疑本始于秦也。

(三)郡三老 《后汉书·王景传》:"父闳为郡三老。更始败,土人王调杀郡守刘宪,自称大将军乐浪太守。闳与郡决曹史杨邑等共杀调。"则郡三老盖西汉末已有之。其原始最早不过武帝,至迟亦不得过平帝时。何以明之?汉初无郡三老,则郡三老之设,自与郡国之立学官有关。《董仲舒传》:"立学校之官,皆自仲舒发之。"《文翁传》:"至武帝时,乃令天下郡国皆立学校官。"是武帝以前,郡国无学官,其不得置郡三老可知,盖三老与学官,虽职司略异,而其皆为郡教育则同。以前既未措意于郡教育,当不至无故复立郡三老也。又据《平帝纪》元始三年奏立学官:"郡国曰学,县道邑侯国曰校,校学置经师一人;乡曰庠,聚曰序,序庠置《孝经》师一人。"是平帝时曾又改制郡学,而与王闳之时代正近。则郡三老或平帝时置。故云至早不过武帝,至迟亦不过平帝时也。

(四)国三老　国学之三老五更,始于王莽。《汉书·王莽传》:"居摄元年正月,莽祀上帝于南郊,迎春于东郊,行大射礼于明堂,养三老五更,成礼而去。"是为有国三老之始。或据《礼记·文王世子》:"天子视学,有三老五更。"以为周制有之。按《月令章句》:"三老,国老也;五更,庶老也。"古有国老庶老,莽之三老五更,确彷周制为之,而三老五更之名,则非古有。《文王世子》自是东汉人所记,不能据为周制。又贾山《至言》:"故以天子之尊,尊养三老,视孝也。"贾山,汉人。以汉有乡县三老,三老早为老者之通称,故得推而言之,观其言三老,不言五更,亦足证三老五更,本始于莽,以前无其君也。

就上所叙,似乡三老创始于战国,县三老原始于秦,郡三老则始自西汉中叶以后,而国三老则王莽时始有之。以乡三老为最早,而国三老为最迟。乡三老则沿于乡校,国三老则沿于古代之国老也。

(三) 三老之产生与职务

三老之产生方法,亦不一律,有出自官民之选举者,亦有出自政府之指定者。请更分叙如左:

(一)乡三老　《高帝本纪》:"举民年五十以上有修行能帅众为善,置以为三老,乡一人。"又《樊宏传》:"县中称美,推为三老。"是三老可由选举产生。然出于人民之推举者似少,而出于长官之察举者居多。《秦彭传》:"建初元年迁山阳大守,有遵奉教化者,擢为乡三老。"亦长官察举者之例。又《元后传》:"王翁孺徙魏郡元城,委粟里为三老。"则察举后,仍当加以委任也。

(二)县三老　县三老由乡三老中选择一人为之,其选择之权,亦在长官。《高帝纪》:"择乡三老一人为县三老。"是其证。其他委任,当与乡三老同。

(三)郡三老　郡三老如何产生,史书不详。然大致疑与县三老同。盖郡、县、乡之三老,皆为地方主持教育之人,其性质相近。县三老即由乡三老中选择一人为之,则郡三老自应即由县三老中选择一人为之也。

(四)国三老　国三老则由政府指定官高年老者一人为之。大致三公、九卿、侍中或师傅,亲贵之臣充者为多。鲁丕、李充,皆仅曾为侍中中郎将,而丕再为三老,充亦曾充国三老。其他如周泽、伏恭、杨赐、袁逢,则皆曾充三公,而后为三老。据《张霸传》:"后当为五更,会病卒。"则三老五更,皆有一定之秩序,孰当为,孰不当为,人所共知,亦非任意指定可知。

至其职权,则大致可别为二类。郡、县、乡三老,皆为主持地方教育之人,国三老则为天子所奉养,无所事事,且仅行礼时有之,故国三老为虚位,与郡、县、乡三老之性质大别。至郡、县、乡三老之职务有二:一则旌表善行也。《百官志》:"三老掌教化,凡有孝子顺孙,贞女义妇,让财救患,及学士为民法式者,皆扁表其门,以兴善行。"是也。二则教诲乡人也。《司马相如传》:"让三老孝弟以不教诲之过。"是也。以外则国家大事,亦可上书于天子。如《戾太子传》壶关三老茂上书陈太子之冤,《高帝纪》新城三老请为义帝发丧之类,此其一。又可陈白地方长官之得失。如《寒朗传》:"章和元年,上行东巡狩过济阳,三老吏人上书陈朗前政治状。"《王尊传》:"吏民嘉壮尊之勇节,白马三老朱英等奏其状。"此其二。又或请留地方之贤良长官。如《京房传》:"焦赣为小黄令,当迁;三老官属,上书愿留赣,有诏许增秩留。"而天子亦竟从其言。此其三。

(四) 三老之位置与待遇

三老之位置与待遇,国三老与地方之三老,亦各有别。国三老为天子之师,其位置极高,其待遇亦极隆。观下文可见:

> 《汉书·明帝本纪》:"永平二年,诏曰:……正月元日,复践辟雍;尊事三老,兄事五更;安车软轮,供绥执授,侯王设医,公卿馔珍;朕亲袒割,执爵而酳;祝哽在前,祝噎在后;升歌《鹿鸣》,下管《新官》;八佾其修,万舞于庭。"

又如《袁逢传》:"朝廷以逢尝为三老,特优礼之。"《李充传》:"年八十以为国三老,安帝特常进见。"皆可见其位置与待遇之特别隆重也。至于郡、县、乡三老,其位置亦可与本地长官平等。《高帝纪》:"择乡三老一人为县三老,与县令丞尉以事相教。"是县三老可与县令居平等之位置,郡乡可以类推。其待遇之可考见者,厥有二端:《高帝纪》谓:"三老复勿繇戍。"是三老无繇戍之义务。是其一也。《平准书》:"非吏比者三老、北边骑士轺车一算,贾人轺车二算。"是三老之待遇,亦与平民不同。然三老略含自治性质,故非官吏可比。此其二也。其他则时受赏赐,史不绝书,亦以三老非官吏无秩禄之故。由是知三老位置之清高,与属吏不同,而实际之待遇,亦与属吏大别矣。

(五) 三老之消灭

三老之消灭,亦各迟早不同。郡县乡之三老,在灵帝时犹存在。

> 《后汉·灵帝本纪》:"光和四年,赐新城令及三老力田帛各有差。"

是地方三老尚存之证。以后不可考见,三国亦未见其名。盖献帝以后,天下大乱,乡治已废,而地方三老之制,遂与汉室俱亡。至国三老,则三国时魏尚有之。

> 《魏志》:"高贵乡公三年丙寅,诏曰:'夫养老兴教,三代所以树风化,垂不朽也。必有三老五更,以崇至敬,乞言纳诲,著在惇史。然后六合承流,下观而化。宜妙简德行,以充其选。关内侯王祥履仁秉义,雅志淳固。关内侯郑小同温恭孝友,帅礼不忒。其以祥为三老,小同为五更。'车驾亲率群司,躬行古礼焉。"

入晋遂不复见。盖晋室初定,未遑议及明堂辟雍之礼;而八王煽乱,五胡入据中原。国三老之废,亦时势使然也。其尚有可附记者:则三老一名,亦尝为盗贼所假借。例如《王莽传》:"四方皆以饥寒穷愁,起为盗贼,宣称巨人从事三老祭酒。"《刘盆子传》:"樊崇起兵于莒,众百余人。转入太山,自号三老。"又曰:"其中最尊者,号三老从事。"又曰:"乃分万人为一营,凡三十营,营置三老从事各一人。"此虽与三老之本身,无甚关系,亦颇足表现当时人民对于三老之尊崇与信仰,至于盗贼亦须假借其名义也。

（原载于《中大语史所周刊》第二集第二十一期,1928 年 3 月）

两汉赋税考

赋税之制,各国不同,而我国赋税,见诸载籍者,最初为《禹贡》,似为赋税制度成立之始。

> 《日知录》:"古来田赋之制,实始于禹。水土既平,咸则三壤。后之王者,不过因其成迹而已。故《诗》曰:'信彼南山,维禹甸之;畇畇原隰,曾孙田之;我疆我理,南东其亩。'然则周之疆理,犹禹之遗法也。"

传说夏用贡法,殷用助法,周用彻法,其征税之方法,虽不相同,考其税率,皆采用什一之制。

> 《孟子》:"夏后氏五十而贡,殷人七十而助,周人百亩而彻,其事皆什一也。"

降至春秋,兵争不已,田制渐隳,经界不正。《左传·襄公三十年》:"郑子产为政,使田有封洫。郑人诵之曰:'取我田畴而伍之。'"云云。可知当时田制之无封洫者多矣。又《孟子》云:"夫仁政必自经界始,经界不正,井地不均,谷禄不平。是故暴君污吏,必漫其经界。经界既正,分田制禄,可坐而定也。"是又为经界不正之明据。

田制既坏,而赋税亦逐日加重,遂启秦人苛敛之端。

> 《春秋·宣公十五年》:"初税亩。"杜注:"公田之法,十取其一。今又履其余亩,复十取其一,故哀公曰:'二吾犹不足。'遂

以为常,此田税逐渐加重之征。"又成公九年,"作丘甲。"杜注:
"此甸所赋,今鲁使丘出之。"《左传·昭公四年》:"郑子产作丘
赋。"丘甲,丘赋同也。又襄公十一年,"季孙欲以田赋,使冉有
访诸仲尼,仲尼曰:'君子之行也,敛从其薄,如是则丘亦足矣。
若不度于礼,而贪冒无厌,则虽以田赋,将又不足。'季孙弗听,
十二年,竟用田赋。"据杜注:"丘出甸赋,是四倍矣。"

而田赋之视丘赋更重,可知赋役之逐渐加重也。秦政苛暴,收税至
什五以上。

《汉书·食货志》:"至于始皇,遂并天下,内兴功作,外攘夷
狄,收泰半之税,发闾左之戍。男子力耕,不足粮饷;女子纺织,
不足衣服。竭天下之资财,以奉其政,犹未足以澹其欲也。"

汉兴,虽田租较秦减轻。

《食货志》:"汉兴,接秦之敝。……上于是约法省禁,田租
什五而税一。量吏禄,度官用,以赋于民。"

然口钱、更赋之属,名目繁多,实际人民之负担,仍然非常苛重。

《汉书·贡禹传》:"古亡算赋口钱,起孝武征伐四夷,重赋
于民。"又《王莽传》:"汉氏减轻田租三十而税一,常有更赋,罢
癃咸出,而豪民侵夺,分田劫假,厥名三十税一,实十税五也。"

窃意吾国赋税,自汉以前,除伪《周礼》外,率皆缺略不备。故欲明我
国赋税制度之沿革,当首注意两汉赋役之制度。此吾兹篇所由作
也。汉代税之名目虽繁,然可归纳为下列两类:

(一)直接税 直接税者,直接取之于应负担之人,如汉代之田
租稿税,直接取之于地主;口钱更赋,其负担者即为出税之人是也。

(二)间接税 间接税者,先取之于第三者,而转嫁其负担于应
负担之人。如汉代之市租关税,虽直接取之于商人,而实间接取之

于人民；盐铁酒税之负担者，仍为购买之人，而逐末以牟利者，固毫无所损失也。

汉代直接税之收入，固属重要，而因商业之逐渐发达，间接税遂亦占重要之地位。如《高五王传》谓："齐临菑十万户，市租千金。"即可想见其商业之发达，与税收之丰富矣。兹请依直接、间接之区别，分叙汉代赋税，次之左方，为留心吾国商业及经济者之资鉴焉。

(A) 直接税

两汉直接税之收入，约有下列六种：

（甲）地租

地租为国家收入之大宗。汉代地租，又可析为三类：

（一）田赋

汉初田赋之税率，为十五税一。

> 《食货志》："高祖约法省禁，轻田租，十五而税一。"

中尝间废，而惠帝复行之。

> 《惠帝本纪》："高十二年四月，减田租复十五税一。"邓展注曰："汉家初十五税一，俭于周十税一也。中间废，今复之也。"

按此云减田租复十五税一，疑高帝末年曾行什一之制，至少亦必较十五税一为重。景帝减半为三十税一，以后遂以此为定率。

> 《食货志》："文帝下诏赐民十二年田租之半，明年遂除民田之租税，后十三岁，孝景二年令民半出田租三十而税一也。"

按半出田租本始于文帝十二年，惟十三年以后，田租全免，尚非定制。至景帝二年后，始常行三十取一之法，故定以景帝为始。

光武初兴，天下未定，曾行什一之征，但不久又复旧制。

> 《光武本纪》："建武六年，诏曰：顷者师旅未解，用度不足，故行什一之税；今军士屯田，粮储差积，其令郡国见收田租三十

税一如旧制。"

至桓灵之际,始于定率外,亩敛十钱。

> 《桓帝本纪》:"延熹八年,初令郡国有田者亩敛税钱。"注:
> "亩十钱也。"《通考》云:"出于常赋三十取之一外,今所谓税钱
> 始此。"《灵帝本纪》:"中平二年,税天下田亩十钱。"《陆康传》:
> "灵帝欲铸铜人,而国用不足,乃诏调田亩敛十钱。"《张让传》:
> "张让、赵忠等说帝令敛天下田亩税十钱,以修宫室。"

按上二传所言,明系临时征收,如今之所谓特别捐也。然不过临时
之附税,其定率仍未变动。至其税租如何核定,在东汉盖采用面积
法,先度田定为顷亩,而后分别肥瘠,差为三等,以定其租。

> 《光武本纪》:"建武十二年,河南尹张伋及诸郡守十余人坐
> 度田不实,皆下狱死。"又《东观汉记》:"刺史太守多以诈伪,不
> 务实核,苟以度田为名,聚人田中,并度庐屋里落。"此度田定税
> 之证。又《秦彭传》:"兴起稻田数千顷,每于农月亲度顷亩,分
> 别肥瘠,差为三品,……彭乃上言宜令天下齐同其制。诏书以
> 其所立条式,班令三府,并下州郡。"是三品之分,自彭始也。

以其租额载入文簿,藏于郡县,其簿谓之租挈,盖犹后世之粮册也。

> 《秦彭传》:"各立之薄。藏之郡县。于是奸吏无所容诈。"
> 又《沟洫志》:"武帝元鼎六年,上曰:'今内史稻田租挈重,不与
> 郡同。'"师古曰:"租挈,收田租之约令也。"

则西汉已然矣。

(二) 稿税

刍稿为田租之副产,故亦列为地租之一。其收税似始秦时。

> 《史记·年表》:"秦简公七年初租禾。"

汉代沿用未革,故农夫既奉田租,复出稿税。

> 《贡禹传》："农夫父子,暴露于中野,不避寒暑。捽中杷土,手足胼胝。已奉谷租,又出稿税。乡部私求,不可当时以稿税与田租同入国家经常费内。"

> 《汉官仪》："田租稿税以给经用,凶年由泽鱼盐市税,少府以给私用也。"

又每与田租、口算、更赋并举,似稿税亦为国家重要收入之一矣。

（三）假税

汉初深山大泽,似为官有。

> 《食货志》董仲舒说秦法云："颛川泽之利,管山林之饶。"又云："汉兴,循而未改。"

文帝以宽厚待民,乃弛山泽之禁。

> 《文帝本纪》："后六年令弛山泽。"

降至孝武初年,似仍有听民渔取之事。

> 《武帝本纪》："元鼎二年,诏曰:今京师虽未为丰年,山林池泽之饶,与民共之。"

据此言是武帝元鼎时尚有时不禁民渔取之证。至其末年,乃令百姓渔取山泽、贷耕公田者,皆须缴纳假税。

> 《盐铁论》："县官开园池,总山海,致利以助贡赋。"又曰："太仆水衡少府大农,岁课诸入田牧之利,池籞之假。"又曰："今县官多张苑囿,公田池泽,公家有鄣假之名,而利归权家,……假税殊名,其实一也。"

按《盐铁论》为昭帝始元六年时事,则昭帝初年已有假税。昭帝为守成令主,疑其制不始于昭帝,当是武帝末年事也。昭宣诸帝,遵行未废。

> 《宣帝本纪》："地节元年,郡国贫民田。"又："三年,诏假公

田。"《元帝本纪》："初元元年,诏江海陂湖园池属少府以假贫民,勿租赋。"

按勿租赋者,一时因凶年而阔免,则平时收税可知。东汉之制,亦与武、昭诸帝相同,而凶年勿收假税之文屡见,则其平时有假税明矣。

《和帝本纪》："永元五年,诏其官有陂池,令民采取,勿收假税二岁。"又："九年,诏其山林饶利,陂池渔采,以赡元元,勿收假税。"又："十一年,遣使循行郡国,禀贷被灾害不能自存者,令得渔采山林池泽,不收假税。"又："十五年,诏令百姓鳏寡渔采陂池,勿收假税二岁。"

（乙）人口税

人口税亦谓之丁税。其类种约有三:

（一）算赋

算赋亦称口赋,原始于秦。

《食货志》董仲舒说秦法云："田租口赋盐铁之利,二十倍于古。"

则秦已有口赋可知。汉高初定天下,即作算赋。

《高帝本纪》："四年八月,初为算赋。"

其制民年十五以上至五十六,每人年出百二十钱。

《汉书》注如淳引《汉仪注》："民年十五以上至五十六,出赋钱人百二十为一算,为治库兵车马。"

终汉之世,皆行此制,惟元帝时贡禹有改年二十乃算之请,未见施行。

《贡禹传》："禹上言宜令儿七岁去齿,乃出口钱,年二十乃算。……天子下其议,令民产子七岁乃出口钱,自此始。"按末自不言二十乃出算赋,则二十出算,未见施行。又《汉仪注》:

"民年七岁至十四出口赋钱人二十三。"

则算赋仍自十五岁起甚明。武帝及灵帝时,偶有加赋之举,亦非常制。

《西域传》:"征和中,诏益民赋口三十助边用。"

此武帝事也。

又《通典》:"后汉灵帝时南宫灾,中常恃张让、赵忠等说帝令敛下口四十钱,以治宫室。"按此与前节田租之临时附税相同。

以外则唯贾人奴婢加倍收赋。

《惠帝本纪》六年注引《汉律》:"人出一算,算百二十钱,唯贾人奴婢倍算。"又《周礼·太宰》郑注:"关市山泽谓占会百物,币余谓占卖国中斥币,皆末作当增赋者,若今贾人倍算矣。"

又按《通典》:"王莽篡位,调上公以下诸有奴婢者率一口出钱三千六百,天下愈愁。"此因莽厉行禁奴政策,故较汉制更重矣。

女子迟嫁者加至五倍耳。

《惠帝本纪》:"六年令民得买爵。女子年十五以上至三十不嫁五算。"

(二) 口钱

口钱与算赋性质相似,惟口钱为幼童之税。其起源亦似在汉初即有之,盖亦沿秦制也。

《贡禹传》:"禹以为古民无赋算口钱,起孝武征伐四夷,重赋于民。"又《光武本纪》建武廿二年注引《汉仪注》:"人年十五至五十六出赋钱人百二十为一算。又七岁至拾四岁出口钱人廿,以供天子。至武帝时又口加三钱以补车骑马。"

按二说不同，贡禹谓算赋口钱皆起孝武，其说之误，不待言；而《仪注》谓七岁至十四岁出口钱在武帝前亦误。盖一欲极言其非古制，一则混合元帝以后之制，未加分别。然《仪注》武帝口加三钱之说，必有所据，则口钱之起当在武帝前矣。

其制民年三岁以上至十四岁，出口钱二十，至武帝复口加三钱为二十三。元帝以贡禹之请，改为七岁以上始出口钱，而二十三钱则仍旧也。

《贡禹传》："禹言民产子三岁则出口钱，故民重困。至于生子辄杀，甚可悲痛。"则自三岁以上即出口钱之证。又按《昭帝本纪》四年注引《汉仪注》："民年七岁至十四岁，出口赋钱二十三。二十钱以食天子，其三钱者，武帝加口钱以补车骑马也。"与《光武纪》注所引略同。则口钱本为二十，武帝以后乃为二十三。故《说文》注引《汉律》："民不繇赀二十三。"《论衡·谢短篇》亦云："七岁头钱二十三也。"

东汉仍用其制，无所增革。明安诸帝本纪或言免除口算，或言免除口赋，皆包括算赋口钱言之。据《论衡》及《汉律》等所纪，明东汉之制，与西汉同。至汉末乃有产子一岁即出口钱之制，其苛敛更可想见。

《零陵先贤传》："郑产为里啬夫，汉末产子一岁则出口钱，民多不举子，产乃令民勿得杀子，口钱自当代出，因名其乡曰更生乡。"

（三）献赋

献费亦称人口税者，以其计口收税，与口赋之性质相同。汉初贡献无定程，高帝十一年乃定献赋之制，令郡国征民口出六十三钱。

《高帝本纪》："十一年诏曰：欲省赋甚，今献未有程，吏或多

135

> 赋以为献，而诸侯王尤多，民疾之，令诸侯王、通侯常以十月朝
> 献，及郡各以其口数率人岁六十三钱，以给献费。"

文帝复加酎金律，率五百口以至千口奉金四两，当亦取之于民。

> 《礼仪志》注引丁孚《汉仪》："酎金律，文帝所加。"又引《汉律·
> 布金令》："皇帝斋肃，亲率群臣承祠宗庙，群臣宜分奉请，诸侯、列
> 侯各以民口率千口奉金四两奇，不满千口至五百口亦四两。"

东汉明帝时贡献甚轻，然无增减之明文，不可得而详也。

> 《晋书·食货志》："显宗即位，作贡尤轻。"

（丙）免役税

免役税，汉代谓之更赋，原于古代力役之征，但古代力征，每岁
不过三日。

> 《食货志》董仲舒上言："古者税民不过什一，其求易供，使
> 民不过三日，其力易足。"又《贾山传》言："周法用民之力，不过
> 岁三日。"

汉循秦制，力役盖三十倍于古。

> 《食货志》："至秦则不然，……又加月为更卒，已复为正一
> 岁，屯戍二岁，力役三十倍于古。……汉兴，循而未改。"

就其制度，可约分为三类：一、役于郡县。二、役于京师。三、戍于边
塞。人民役于郡县，一月一更，岁役三十日。往役谓之践更，愿践更
者率留其地而代人任役四月，谓之过更。后从尉律定为一月一更，
盖为过更与否，不在法定之内。

> 《昭帝本纪》四年注引如淳曰："古者正卒无常人，皆更迭为
> 之。一月一更，是为卒更也。"又引《律说》："卒践更者，居也。
> 居更县中，五月乃更也。后从尉律，卒践更一月，休十一月也。"
> 按《史记·项羽本纪》注："古者更卒不过一月，践更五月而休，

卒更谓卒应一月而更,即更卒之统名。外徭之直戍边三日而更

者,亦同谓之卒更,其言践更者,本指自往任役之意。"如《吴

濞传》:"百姓无赋,卒践更辄予平贾。"

则即指践此一月之更,所谓践更五月而休者,当是过更,谓过一月而

代人任役四月也。诸注皆不甚了了,其始当是,践更者五月方更,其

后则一月可更,不必强其为过更也。

其不往者,出钱二千,谓之更赋,由政府给之过更者,是即所谓

免役税也。

《昭帝本纪》注:"如淳曰:'贫者欲得雇更钱者,次直者以钱

雇之,月二千,是谓雇更也。'"

按此当谓之更赋。

又《沟洫志》:"治河卒非受平贾者,为著外徭六月。"如淳

曰:"平贾一月得钱二千。或谓平贾当随月之缓急贵贱为直。"

按如是说,国家定制当不如或说之烦琐也。

然实际则人有一月之役,而郡县所役者,不能若是之多。故过

更之赋,给之过更者少,而人之政府者多。更赋实为国家重要收入

之一。按,为卒更者,每岁人应一月,则十二人即可轮值一岁。一县

更卒之额,虽无一定多少之明文,充其量平均不过万人。则应役者

不过十二万,固不能人人皆往也。(如临菑之市即有十万户,则一县

之户,繁盛者当数十万。即以户三男子计之,则亦近百万矣。)

役于京师者,率为一岁一更,其应役之期限,似当为正一岁,为

卫士一岁,人率二岁。

《盖宽饶传》:"初拜为司马,……及岁尽交代,上临飨,罢卫

卒,卫卒数千人,皆叩头自请,愿复留共更一年,以报宽饶厚

德。"又《魏相传》:"河南卒戍中都官者,遮大将军,自言愿共留

作一岁,以赎太守罪。"

按《汉仪注》:"民年二十三为正一岁,为卫士一岁。"卫士即当此之卫卒。《食货志》:"月为更卒,已复为正一岁。"则正非卫卒,亦非更卒,疑即京师官府之役卒,如中都官卒者是也。

戍于边塞者,每人岁应三日。因往返不便,戍者定一岁一更。其不往者,人出钱三百以给戍者,亦谓之更赋。

> 《昭帝本纪》四年注引如淳曰:"天下皆直戍三日,亦名为更律,所谓繇戍也,虽丞相子,亦在戍边之调,不可人人自行三日戍。又行者当自戍三日,不可往便还,因便住一岁一更。诸不行者出钱三百入官,官以给戍者,是谓过更也。"又《吴王濞传》注:"服虔曰:'以当为更卒出钱三百,谓之过更。'"《卜式传》:"乃赐式外繇四百人。"注引苏林曰:"外繇谓戍边一人出三百钱,谓之过更。"

按过更言过于三日之更卒,非谓所出钱为过更也。又《鼂错传》:"然今远方之卒,守塞一岁而更。"与如说合。

惟戍西域者则为三岁一更,以其道路辽远也。

> 《段会宗传》:"为西域都护骑都尉光禄大夫,西域敬其威信,三岁更尽还。"如淳曰:"边更三岁一更,下言终更皆是也。"

至服役年龄,汉初似为二十三至五十六。

> 《高帝本纪》二年注:"《汉仪注》曰:'民年二十三为正一岁,为卫士一岁,为材官骑士,习射御骑驰战陈。'"又曰:"五十六衰老,乃得免为庶民。"

景帝改为年二十起。

> 《景帝本纪》:"二年令天下男子年二十始傅。"师古曰:"旧法二十三,今此二十,更为异制也。"

昭帝时复为二十三。

> 《盐铁论》:"今陛下哀怜百姓,宽力役之政,二十三始赋,五
> 十六而免,所以辅耆壮而息老艾也。"

按,此与《汉仪注》所言正合,《仪注》所言多后来制度。汉初是否二
十三起,颇有疑义,待再详考。通制至服役之年龄,则著名于役籍,
谓之傅。

> 《高帝本纪》注师古曰:"傅,著也,言著给公家徭役也。"又
> 如淳引《汉律》:"年二十三傅之畴官,各从其父畴学之,高不满
> 六尺二寸以下为罢癃。"

按,傅与赋同,古代与税分言则别,专谓力役之征,师古之说本此。
《汉律》自解傅字之义,则与《仪注》所言"二十三习射御战陈"者同
意。据孟康说:"古者二十而傅,三年耕有一年储,故二十三而后役
之。"又疑二十始傅者,即傅之。畴官习为射御战陈,为正一岁,为卫
卒一岁,至二十三乃为郡县边塞徭役,孟康谓三年耕者非。

东汉考核尤密。

> 《光武本纪》:"建武十五年,诏下州郡检核垦田顷亩户口
> 年纪。"

大致两汉更赋,除成帝偶有增益外,皆无甚变革也。

> 《翟方进传》:"上赐册曰:百僚用度各有数,君不量多少,一
> 听群下言用度不足,奏请一切,增益赋税城郭堧及园田过更,算
> 马牛羊,增益盐铁,变更无常。朕既不明,随奏许可。"

（丁）财产税

当时财产税,约可分为二类:

（一）訾算

訾算一名词,初见于《景帝本纪》。訾以算称,则明为訾赋。其

制訾万钱出百二十钱为一算。

> 《景帝本纪》："后二年，诏曰：今訾算十以上乃得官，廉士算不必众，有市籍不得官，无訾又不得官，朕甚愍之！訾算四得官。亡令廉士失职，贪夫长利。"服虔注曰："訾万钱，算百二十七也。"应劭曰："十算，十万也。"

按服说百二十七当为百二十钱之误。算赋人出百二十钱谓之一算，可以互证。

武帝以訾征赋，《盐铁论》明言之。

> 《盐铁论》："往者军阵数起，用度不足，以訾征赋。"

此言武帝时事。又有缗钱税，则专为商人货物成本税，与此不同，故《食货志》谓贾人之缗钱也。

王莽明令天下税訾三十取一，

> 《王莽传》："一切税吏民訾三十取一，缣帛皆输长安。"

其实有增至什五者。

> 《王莽传》："冯英上言今丹熊惧于自诡，期会调发诸郡兵谷，复訾民取其十四。"又，"平蛮将军冯茂击勾町，士卒疾疫，死者什六七，赋敛民财什取五。"

而东汉贫民，至以衣履釜鬵为訾而算之。其訾赋之重，不可想见乎！

> 《和帝本纪》："永元五年，诏曰：往者郡国上贫民以衣履釜鬵为訾，而豪右得其饶利。"

（二）牲口税

六畜征税，起自武帝；

> 《后书·西域传》："陈忠言孝武算至舟车，訾及六畜。"盖亦认为訾财之一部。

昭帝遵用未废。

> 《昭帝本纪》："元凤二年，其令郡国毋敛今年马口钱。"注如

淳曰:"所谓租及六畜也。"

按仅言今年毋敛,则他时之敛可知。

成帝时亦尝行之,《翟方进传》所谓"算马牛羊"者是也。东汉无明文,惟东汉季年则确已省去。

《昭帝本纪》文颖注曰:"往时有马口出敛钱,今省。"按文颖为汉末人,则当时已无此税矣。

其出税虽以口数,而实估其价值,千钱者则出二十钱。

《翟方进传》注张晏曰:"马牛羊头数出税,算千输二十。"

（戊）所得税

所得税在两汉可考见者极少,惟息租一项,颇似今日之资本利息税。汉制以谷或钱假人,律有一定之息。

《王子侯表》:陵乡侯诉以贷谷息过律免。注:师古曰:"以谷贷人而多取其息也。"

物主计所得息金,纳税入官。

《王子侯表》:旁光侯殷元鼎元年坐贷子钱不占租,取息过律,会赦免。注:"师古曰:以子钱出贷人,律合收租,匿不占。取息利,又多也。"

王莽时所得税之收入骤增,似非汉制之旧矣。

《食货志》称:"王莽时,令诸取众物鸟兽鱼鳖百虫于山林水泽及畜牧者,嫔妇桑蚕织纴纺绩补缝,工匠医巫卜祝,及他方技商贩贾人,坐肆列里区谒舍,皆各自占所为于其所在之县,除其本,计其利,十一分之,而以其一为贡。"又令:"钱府贷钱与民,除其费,计所得受息,毋过什一。"

皆当为所得税。然莽制多彷周礼,故不可定为汉制也。

（己）杂税

此处杂税包括渔税工税二者言之,因史文简略,姑附其目于此。

（一）渔税

渔税有二,在沿海者谓之海租。

> 《食货志》:"宣帝即位,耿寿昌又白增海租三倍,天子皆从其计。御史大夫萧望之奏言:故御史属徐宫家在东莱,言往年加海租,鱼不出。长老言武帝时县官尝自渔海,鱼不出;后复予号,鱼乃出。"则武帝时曾经官办,其后乃改为收税也。

其主管者曰海丞。

> 《平帝本纪》:"元始元年,置少府海丞、果丞。"师古曰:"海丞,主海税也。果丞,掌诸果实也。"

在内地者谓之渔税,其主管者曰水官。

> 《百官志》:"凡郡县有水池及渔利多者置水官,主平水,收渔税。"

似原始武宣以前,而终汉之世未之废也。海租在武帝宣帝时已有,渔税至东汉犹有专官,虽参错互见,疑为两汉通制也。

（二）工税

工税盖在西汉时已有之。

> 《盐铁论》:"方今商工市井之利,未归于民。"又曰:"古者之赋税于民也,因其所工,不求所拙,农人纳其获,女红效其功。今释其所有,责其所无,贱卖货物,以便上求。"

皆有工税之证。东汉专设工官以收土税,其收入当更不少矣。

> 《百官志》:"凡郡国有工多者,置工官,主税物。"

(B) 间接税

间接税之科类,在当时约有四种:

（甲）关税

关税在后世为最大之收入,而在两汉则颇微末。文帝曾废除诸

关,其无关税可知。《册府元龟》:"文帝十年,除关无用传。"景帝虽复置关,仍无收税之文,

> 《景帝本纪》:"四年复置诸关,用传出入。"

至武帝时则确有关税矣。

> 《武帝本纪》:"太初四年徙弘农都尉理武,关税出入者以给官吏卒。"

然其后又无从考见,亦足见其尚非重要赋税之一。

(乙)盐铁税

汉初循用秦制,盐铁有税。《史记·太史公自序》:"昌为秦主铁官。"是秦有盐铁官矣。又《食货志》董仲舒谓:"秦人田租、口赋、盐铁之利二十倍于古,汉兴循而未改。"是秦制有盐铁官以收税,当如东汉水官、工官之收渔税、工税也。

文帝纵民煮铸,当无税征。

> 《盐铁论》:"盖文帝之时无盐铁之利而民富,今有之而百姓困乏。"又曰:"文帝之时,纵民得铸钱冶铁煮盐。"

武帝以国用不足,收为专卖品,

> 《食货志》:"武帝于是以东郭咸阳孔仅为大农丞,领盐铁。……咸阳乘传举行天下盐铁作官府,除故盐铁家富者为吏。"

郡县皆置盐铁官以领之。

> 按《地理志》:"自京兆至广陵凡郡四十,有铁官五十;自河东至苍梧凡郡二十五,有盐官三十五。"

而人民有私自冶煮者,治以重罪。

> 《食货志》:"敢私铸铁器煮盐者,釱左趾,没入其器物。"

昭帝初以文学贤良之言,罢关内铁官。

《盐铁论》："请且罢郡国榷酤关内铁官。奏可。"

元帝初元中,天下盐铁官俱罢,但仅三年而又复之。

《元帝本纪》："初元五年罢盐铁官。永光三年复盐铁官。"

终西汉之世,盖未尝废。

《平当传》言："渤海盐池可且勿禁,以救民急。"

明有禁也。又《成帝本纪》："河平二年,沛郡铁官冶铁飞。"阳朔三年、永始三年,皆有铁官徒作乱。是未废之证。

东汉初年,似为民卖而官收其税。

《东观汉纪》："第五伦尝与奴载盐,北至太原贩卖。"又《朱晖传》："肃宗时,张林请官卖盐。"

则东汉之初,非官卖可知。

又《和帝本纪》："诏罢盐铁之禁,纵民煮铸,入税县官如故事。"

所谓故事,当是东汉初年旧制如是。则民卖而官收税可知。章帝改为专卖。

《朱晖传》："肃宗时谷贵,县官经用不足,朝廷忧之。尚书张林上言:'盐食之急者,虽贵人不得不领,官可自鬻。'……后有诏施行。"

和帝即位罢之,复行收税之制。

《和帝本纪》："诏曰:昔孝武皇帝,致诛胡越,故权收盐铁之利,以奉师旅之费。自中兴以来,匈奴未宾,永平末年,复修征伐。先帝即位,务休力役,然犹深思远虑,安不忘危。探观旧典,复收盐铁,以备不虞,宁安边境,而吏多不良,动失其便,先帝恨之。故遣戒郡罢盐铁之禁,纵民煮铸,入税县官如故事。"

总计两汉盐铁,有开放时期,有征税时期,有专卖时期。征税时期之税率如何,虽不可知,要其为当时政府最重要之收入,则可断言。

(乙)酒税

酒在汉初,听民自酤。

> 《司马相如传》:"相如与文君之临邛,尽卖车骑,买酒舍,乃令文君当卢,相如身自著犊鼻浑,与佣保杂作,涤器于市中。"

按此事约当景帝末年,足为听民自酤之一证。以昭帝时民卖酒有税例之,疑亦当有税也。武帝以酒与盐铁,同为专卖品。

> 《武帝本纪》:"天汉三年,初榷酒酤。"注:"应劭曰:县官自酤榷卖酒,小民不得复酤也。"又《贾捐之传》:"至孝武皇帝,……造盐铁酒榷之利,以佐用度,犹不能足。"

昭帝罢榷酤官,令民自酤而收其税。

> 《昭帝本纪》"始元六年罢榷酤官,令民得以律占租卖酒,升四钱。"注:"刘攽曰:以律占租者,谓令民卖酒以所得利占而输其租矣。占不以实,则论如律,租即卖酒之税。卖酒升四钱,所以限民不得厚利尔。"

按,占者犹言呈报卖酒之多少,官因以征其税,非谓所得之利。升四钱即是酒税,刘说非也。成帝时有变革,官卖私资,讫无定制。

> 《翟方进传》:"上责方进曰:'君云卖酒醪,后请止。未尽月,复奏议令卖酒醪。'"

王莽定由官卖,其制甚备,而官专其利。

> 《食货志》:"羲和鲁匡言:'名山大泽,盐铁钱布帛,五均赊贷,斡在县官,唯酒酤独未斡,请法古,令官作酒,以二千五百为一均,率开一卢以卖,雠五十酿为准。一酿用粗米二斛,麹一斛,得成酒六斛六斗;各以其市月朔并计其价而参分之,以其一为酒一斛之平。除米麹本贾,计其利而什分之,以其七入官,其

三及醷樴灰炭给工器薪樵之费。'"

后汉无专卖明文,似亦听民自酤也。按,《百官志》有盐官铁官,而无榷酤官。又《后汉书》称:"琅琊海曲吕母家素丰,资产数百万,乃益酿醇酒买刀剑衣服,少年来沽者皆奢与之。"亦民间自酤之证。

(丙)营业税

两汉营业税资料颇少,兹分二类叙之:

(一)市租

汉时有市租,

> 《高五王传》:"主父偃言:'齐临淄十万户,市租千金,人众殷富,钜于长安。'"

凡有市籍者,皆须纳税。

> 《何武传》:"武弟显,家有市籍,租常不入。县吏负其课,市啬夫求商,捕辱显家。显怒,欲以吏事中商,武曰:'以吾家租赋徭役,不为众先奉公,吏不亦宜乎?'"

然其税之性质为房屋税,抑为货物税,皆不可知。以武帝时缗钱税考之,疑此即为货物税。

> 《武帝本纪》:"元狩四年冬,初算缗钱。"李斐曰:"缗丝也,一贯千钱,出算二十也。"

据李意是指储积钱者,则当为财产税之一。然《食货志》所言:"异时算轺车贾人之缗钱。"又言:"诸贾人末,作虽无市籍,各以其物自占,率缗钱二千而算一。"及杨可告缗之后,又曰:"于是商贾中家以上,大氐破。"则确为商人之货物税,故苏舆曰:"缗乃鍲之假借,谓商人货物成本也。"

> 且贾人缗钱之有税,不始于武帝元狩四年,似即所谓市祖。

> 《食货志》:"武帝时,公卿上言异时算轺车贾人之缗钱皆有

差下，请算如故。"

则明在武帝元狩四年以前有之，惟中尝间废耳。(《食货志》言算缗钱在卫青、霍去病大出兵伐匈奴后，据《本纪》事在元狩四年之冬，则纪、志所言，当为一事。)惟武帝时则无市籍之商人，亦复取其缗钱税，其制分为二千算一，四千算一两等。

> 《食货志》："诸贾人末作贳贷买卖居邑积贮诸物，及商以取利者，虽无市籍，各以其物自占，率缗钱二千而算一。诸作有租及铸，率缗钱四千而算一。"

按一算为百二十钱，此种无市籍缗钱之征税，实自元狩四年始有，故纪中有初算缗钱之文，而志又别言之。李斐谓千钱出二十，疑非也。

其有市籍者，征税之制，亦有差下，疑与无市籍者同。

> 《食货志》："贾人有市籍及家属，皆无得名田，以便农。"

此亦明有有市籍、无市籍两种贾人。其所谓"异时算贾人之缗钱皆有差下者"，疑指有市籍者言之。而其征税之制不别言，则疑与无市籍者同也。

武帝以后大致无所变更，《食货志》谓"宣元成哀平，亡所变改"，是其证也。又有军市租者，亦为市租之一种。汉时各地，皆有军市。

> 《祭遵传》："遵从征河北，为军市令。上舍中儿犯法，遵格杀之。"《东观汉纪》："和帝永元十二年冬，十一月癸酉夜，白气长三尺，起国东北，指军市。"

其收租者，即驻军之头领。

> 《冯唐传》："窃闻魏尚为云中守，军市租尽以给士卒。"

盖本为军将所设，主其市政者，亦军中之人也。

> 《魏志》："颜斐为京兆太守，青龙中，司马宣王在长安立军市，而军中吏士多侵侮县民，斐以白宣王，宣王乃发怒，召军市

候便于斐前杖一百。"

按此当循用汉制,所谓军市候,即祭遵传之军市令也。

(二)船车税

船车税似创于武帝元光时,中废而元狩时复行之。

> 《武帝本纪》:"元光六年,初算商车。"又《食货志》:"异时算
> 轺车贾人之缗钱皆有差下,请算如故。"

按志所言系元狩四年事,而曰异时,曰如故,则中尝间废矣。其制三
老骑士轺车一算,贾人轺车二算,船五丈以上一算。《西域传》所谓
"算及舟车"是也。

> 《食货志》:"非吏比者,三老、北边骑士,轺车一算,贾人轺
> 车二算,船五丈以上一算。"

西汉赋税之种类,略尽于是。其余若均输,与赋税之性质异者,
兹不具叙。吾叙此篇既竣,觉其有可注意者二焉:

吾国古代,率用物纳税法,其用金钱,盖始于战国。《禹贡》:"百
里赋纳总,二百里纳铚,三百里纳秸服,四百里粟,五百里米。"此直
接纳米谷之证。又《周官》山泽之赋,易被谓如北人所取金锡玉石,
角人所齿角骨物之类,则亦物纳税法也。虽《周官》亦有言及纳泉布
者,如载师凡宅不毛者有里布,闾师凡无识者出夫布,廛人掌敛市之
絘布、总布、质布、罚布、廛布。其书成于战国,自杂有战国时之情
形。又如《孟子》云"廛无夫里之布",《荀子》言"厚刀布之敛以夺民
财",亦皆战国时人。即《管子》九府圜法,其书亦成于战国也。(春
秋以前少用金属为货币,梁任公先生《中国历史研究法》中已言之。)

而两汉赋税中如算赋、口钱、更赋、献贾、市租、酒税、盐铁、关税
之类,无不以钱为单位,其为金纳税法,自不必说。即田租一项,亦
似以钱纳税。

《通考》：“章帝建初二年，诏以布帛为租。时谷贵，尚书张
林上言：‘谷所以贵，由钱贱故也。可尽封钱，一取布帛为租，以
通天下之用。’从之。”

据此则平时亦纳钱明矣。故考两汉税制，已全为金纳税法。此可为
社会进化明确之证据者一也。

顾亭林《钱法论略》：“汉律：人出算百二十钱，是口赋入以
钱；《管子》盐策：‘万乘之国，为钱三十万’，是盐铁入以钱；商贾
缗钱四千而算一，三老、北边骑士轺车一算，商贾轺车二算，船
五丈以上一算，是关市入以钱；令民占卖酒，租升四钱，是榷酤
入以钱；隆虑公主以钱千万为子赎死，是罚镪入以钱。”

则金钱之用至两汉始普遍，而两汉赋税中，最能表现此种情形也。

间接税收入之多少，随商业之盛衰为转移。我国古代商业微
末，几可谓间接税之收入。《周官》虽有关市之赋，其书不甚可靠，疑
《孟子》所谓“关讥而不征者”近之。两汉承春秋战国商业逐渐发达
之后，故间接税之收入，亦颇占重要之部分。《高五王传》谓“临淄十
万户，市租千金”，已见前。又《景十三王传》赵敬肃王彭祖擅权，使
即县为贾人权会，入多于国租税。此虽稍带专卖性质，亦可见当时
商业之盛与间接税收入之多。其余若盐铁均输为当时最重要之收
入，与夫《货殖列传》所载，皆可考见商业之逐渐发达。

此又可为商业逐渐发达之明证者二也。

（原载于《中大语史所周刊》第六集第六十六期，1929 年 1 月）

何广棪:经史学家杨筠如事迹系年

　　杨筠如先生乃民国众多研究经史学之学者之一,早岁攻读北平清华学校国学研究院,在著名国学大师王国维教授悉心指导下,完成毕业论文《尚书覈诂》,荣获甲一等级之成绩,为该研究院第一届第一名毕业生。毕业后,先后任教厦门集美学校国学专门部、广州市国立第一中山大学、上海市暨南大学、青岛市青岛大学、开封市省立河南大学、成都市国立四川大学、长沙市湖南大学、西安市西北大学。著作颇富,刊行专书除《尚书覈诂》外,尚有《九品中正六朝门阀》、《荀子研究》,及学术论文十余篇。是故,筠如对民国以来之高等教育与学术有一定之贡献。

　　然有关杨氏生平,学术界知之甚少。余尝细阅钟碧容、孙彩霞编《民国人物碑传集》,卞孝萱、唐文权编《民国人物碑传集》,刘绍唐编《民国人物小传》,均未有其资料;又检索臧励龢等编《中国人名大辞典》,张撝之、沈起炜、刘德重编《中国历代人名大辞典》,姜亮夫编、杨本章补编《历代名人年里碑传总表》,曹亦冰编《中国当代古籍整理研究学者名录》,陈玉堂编著《中国近现代人物名号大辞典》、徐友春编《民国人物大辞典》,亦未见其条目。至曰能将杨氏毕生行事予以整理,并撰文作翔实披露者,更未有其人。事不获已,乃参酌孙敦恒《清华国学研究院纪事》、[1]苏云峰《清华国学研究院述略》[2]并爬罗其他相关资料,用系年之法,将所得杨氏事迹排比而整治之。惟仓卒成篇,拙文聊可裨补前人所未及为,仅供后之研究者参酌而已。

1903 年(清光绪二十九年　癸卯)1 岁

杨筠如,字德昭,湖南省常德县人。本年生。

案:筠如,家世不可考。《清华国学研究院纪事》1925 年 7 月 20 日条记载录取新生,有"杨筠如(德昭)"之名,因知其人字德昭。又考筠如撰《尚书覈诂自序》有云:"吾湘善化皮氏,长沙王氏,网罗异说,亦称功臣。"[3]知杨氏乃湖南人。王国维《尚书覈诂序》又有"门人常德杨筠如近作《尚书覈诂》,博采诸家,文约义尽,亦时出己见,不愧作者"之语[4],则又知杨氏常德人。[5]

1918 年(民国七年　戊午)15 岁

考入湖南省立第二中学。

案:据《常德县志》卷 28《人物》"杨筠如"条所载,筠如本年考入

---

[1] 孙敦恒:《清华国学研究院纪事》,《清华汉学研究》第一辑,清华大学出版社 1994 年版,第 267—340 页。本文以下征引孙文,不再出注。

[2] 苏云峰:《清华国学研究院述略》,《清华汉学研究》第二辑,清华大学出版社 1997 年版,第 289—337 页。本文以下征引苏文,不再出注。

[3] 杨筠如:《尚书覈诂自序》,见杨筠如著、黄怀信标校《尚书覈诂》,陕西人民出版社 2005 年版,第 1—2 页。本文以下征引筠如《自序》,不再出注。

[4] 王国维:《尚书覈诂序》,同注 3,第 1—2 页。本文以下征引王《序》,不再出注。

[5] 近得台湾高雄师范大学经学研究所硕士生梁矞云提供民国二十六年(1937年)国立清华大学校长办公处印行《清华同学录》,其书"一九二六年国学研究所毕业同学"项下载:"杨筠如　德昭　1903 湖南常德。"因知筠如生年为 1903。《清华同学录》同条又载:"常德前乡黄州区。"因而筠如籍贯更为详悉。此条数据乃筠如当年自行提供校方者,最为可靠。其后又得复旦大学图书馆古籍部馆员王亮文学博士(王国维曾孙)提供 1992 年 8 月常德县志编纂委员会主编之《常德县志》,其书卷二十八《人物》项下"杨筠如"条载:"杨筠如,名德昭,常德县黄土店白岩冲人,清光绪二十七年(1901)生。"《常德县志》所记筠如生年为 1901 年,似不如前者可靠,故不采用。

湖南省立第二中学。

1924 年(民国十三年　甲子)21 岁

三月,发表《评荀孟哲学》于《国学丛刊》第二卷第一期。[1]

案:《国学丛刊》,南京东南大学国学研究会编辑,南京东南大学国学丛刊社发行,1923 年 3 月创刊。[2]藉可推知筠如考进清华学校国学研究院前乃为东南大学国文系毕业生。[3]至其撰《评荀孟哲学》,亦可考见筠如其后撰作《荀子研究》一书之脉络。

六月,发表《孔子仁说》于《国学丛刊》第二卷第二期。

1925 年(民国十四年　乙丑)22 岁

六月,毕业于东南大学。

案:筠如应于毕业后,始应考清华学校国学研究院入学试。[4]

七月六日至九日,参加清华学校国学研究院招生考试。

案:清华学校国学研究院筹设于 1924 年(民国十三年　甲子)10 月 22 日,翌年 22 日成立筹备处,主任为吴宓(吴宓任职清华前,曾于东南大学任教,筠如应认识吴宓,并为其学生)。敦聘王国维、梁启超、赵元任、陈寅恪为教授,另聘李济为专任讲师。《清华国学研究院纪事》载:"七月六日,是日起,清华国学研究院在城内进行招生三日。"是则筠如暑假前毕业东南大学,是时参加清华招生考试。

---

〔1〕余秉权:《中国史学论文引得续编——欧美所见中文期刊文史哲论文综录》,哈佛燕京图书馆出版社 1970 年版,第 521 页。

〔2〕余秉权:《中国史学论文引得》(1902—1962 年),香港亚东学社 1963 年版,第 20 页。

〔3〕《清华同学录》载筠如自记入读清华学校国学研究院前学历为"国文系——(东南大学)"。

〔4〕《常德县志》卷 28《人物》"杨筠如"条载:"后去上海,入东南大学。未毕业即考入清华大学研究院,专攻史学。"此条所言筠如未毕业即考入清华,未知可据否? 惟《常德县志》此条载东南大学在上海,则至误。

七月二十七日,被录为正取生。

案:《清华国学研究院纪事》载:"七月二十七日,研究院录取新生,正取 30 名,备取 2 名。他们是:刘盼遂、吴其昌(子馨)、程憬(仰之)、徐中舒、余永梁(华甡)、杨鸿烈(宪武)、王庸(以中)、关文瑛、刘纪泽、周传儒(书昑)、杨筠如(德昭)、孔德(肖云)、方壮猷(欣庵)、蒋传官(柱筠)、王镜第(芙生)、高亨(晋生)、裴学海(会川)、李绳熙(念祖)、杜钢百、闻惕(惕生)、史椿龄(静池)、赵邦彦(良翰)、陈拔(晓岭)、王竞(啸苏)、冯德清(永轩)、李鸿樾(玉林)、姚名达(达人)、黄淬伯(洞松)、谢星朗(明霄)、余戴海(环宇)、何士骥(乐夫)、汪吟龙(衣云)。另有旧制留美预备部学生罗伦(辑之)、杨世恩(子惠)、王国忠(慕韩)三人作特别生,可随班听课和研究。"是筠如被录为正取生第十一名。其后与高亨、裴学海学术情谊最笃挚。

九月七日,录取生开始报到。

案:《清华国学研究院纪事》载:"九月七日,录取学生开始报到。唯李绳熙(皮肤病)、关文瑛(眼病)、裴学海(眼病和肺病)三人因病不能入学,但保留其考取资格。两周后李绳熙病愈准予入学。"其后裴学海于 1927 年(民国十六年)第三届复学,时筠如已毕业离校。

九月九日,参加开学典礼。

案:《清华国学研究院纪事》载:"九月九日,研究院举行开学典礼。吴宓主任发表了题为《清华开办之旨趣及经过》的演讲。"筠如必出席。

午后三时,参加茶话会。

案:《清华国学研究院纪事》载:"午后三时,研究院在后工字厅举行茶话会。到会者为研究院全体教授、职员及学生,共三十多人。由主任吴宓主持,宣布开会宗旨为联络情谊,并介绍相见。次由梁启超、王国维、赵元任、李济等相继发言,或明研究院之宗旨,或论治学之方法,或述个人修学之经验,或言观摩砥砺之有益。后由吴宓主任宣布学生应知事。……最后,在学生的要求下,梁启超讲演题为《旧日书院之情形》。"梁氏早岁修学于学海堂与万木草堂,其讲演内容恐必涉及此二者。

九月十一日,往听梁启超"如何选择研究题目和进行研究"之谈话。

案:《清华国学研究院纪事》载:"九月十一日,梁启超在研究院第五研究室向研究院全体学生作如何选择研究题目和进行研究的谈话,以《梁任公教授谈话记》为题,发表于《清华周刊》第352期。"

九月十三日,往听梁启超"指导之方针及选择研究题目之商榷"。

案:《清华国学研究院纪事》载:"九月十三日,梁启超再与研究院学生谈'指导之方针及选择研究题目之商榷'。……这次谈话内容丰富,篇幅较长,分两次刊载于《清华周刊》第353期和354期。"

九月十四日,往听王国维开讲"古史新证"。

案:《清华国学研究院纪事》载:"九月十四日,研究院之'普通演讲',是日起始业。王国维开讲的第一课是'古史新证',听者甚众,不但研究院学员都来了,留美预备部的一些学生和刚进校不久的大学部第一级的一些学生也都慕名而来。'古史新证'一课,是以其前几年发表的《殷卜辞中所见先公先王考》、《续考》、《殷商制度论》、《三代地理小记》等论著为纲要,讲述中注入自己的治学方法。此课从九月讲授到寒假,讲授了整整一个学期。后来整理成《古史新证》一书石印行世。王国维在《总论》中说:'吾辈生于今日,幸于纸上材料之外,更得地下之材料,由此种种材料,我辈因得据以补正纸上之材料,亦得证明古书之某部分为实录,即百家不雅驯之言,亦不无表示一面之事。此"二重证据法",惟在今始得为之。'这种以实(即地下出土文物)证史,又以史证实研究古史的'二重证据法'为王国维所首创,不仅使其受业弟子深受教益,培育出一批史学大家,且得到史学界的广泛采纳,一时间成果斐然,极大地推动了史学研究工作。"其后,筠如撰写《尚书覈诂》,以金、甲文字材料与《今文尚书》之纸上材料互为证发,即此"二重证据法"之实际运用,受教益于其师多矣!《尚书覈诂自序》云:"先师海宁王静安先生讲学故京上庠,以此(指《尚书》)循诱后进,博考甲文金铭,所获远迈前修。予于此时亲炙师说,旁考逊清诸家,间附己见,草成《覈诂》四卷。"即记此事。

九月二十六日前,选定《尚书》为研究题目,并晋谒王国维以求指导。

案:《清华国学研究院纪事》载:"本院定于九月十四日正式开业,先将各教授所指导之学科范围宣布,俾诸生可就其范围内,与各教授商谈研究题目。由教授认定后,即可从事研究。若欲于范围以外研究,则须得教授之特许。各教授指导之学科范围如下:

王国维先生　经学:(一)书,(二)诗,(三)礼;小学:(一)训诂,(二)古文字学,(三)古韵;上古史;中国文学。"

又载:"九月二十六日,研究院学生选定研究题目,从本月二十二日开始。各自选定后,须向研究院主任室及授业导师报告注册。是日,选题截止。受业学生29人,外加三名特别生,他们的研究题目是……杨筠如《尚书》。"王国维指导经学项下(一)为书,杨筠如研究题目为《尚书》,则其授业导师必属王国维无疑。晋谒之日乃在二十二日至二十六日中之某日。

嗣后,每星期一、三上午九时至十时,往听王国维授"古史新证"或"说文练习"。

案:《清华国学研究院纪事》载:"本院尚有普通演讲,诸生均须往听;旧制清华学生,得该教授特许者,亦可前去旁听。兹录其讲题及时间表如下:

王国维先生 古史新证 星期一(上午)九时至十时;说文练习 星期三(上午)九时至十时。"

"古史新证"、"说文练习"既规定"诸生均须往听",筠如必无例外,况上述二种课程均与其撰作《尚书覈诂》至相关切,而王先生又其导师乎?

九月二十八日,参加第二次师生茶话会。

案:《清华国学研究院纪事》载:"九月二十八日,举行了第二次师生茶话会,到50多人。《清华周刊》报导说:'该院为联络师生情谊,且于平日讨论学问外,更进一步使能受教授精神之感化起见,拟于每月举行一次茶话会,令该院教职员、学生于一堂,或明研究院之宗旨,或讨论治学方法,或述个人修学与处世之经验,或议本院事务与设备之进行,务使各方有自由聚话之机会,实收观摩砥砺之效。闻该院第二次茶话会于本星期一(28日)下午四时在后工字厅举行。'"但未报导此次茶话会之实况。苏云峰《清华国学研究院考述》于"学生之校园生活和学术研究"项下则作较翔实之记述,曰:"第二次茶话会于9月28日下午四时在工字厅举行,盛况空前,除研究院全体教职员和学生外,曹校长、张彭春教务长、和教授余日宣、庄泽宣、陈达、郑之蕃、图书馆主任戴志骞等50余人与会。吴宓表示,此会性质一方面在使学生接受教授精神感化,另一方面让学生认识本校重要职员,以便沟通。言毕请与会校长及诸位先生致词,然后逐一介绍与会老师，同学行拜师礼。礼毕，同学作自我介绍，最后是自由交谈，至六时半始尽欢而散。"可作补充。

十月三日，事务员卫士生引导研究生参观古物陈列所与京师图书馆。

案：《清华国学研究院纪事》载："十月三日，研究院全体学生，由卫士生先生引导进城参观古物陈列所、京师图书馆。在京师图书馆，首先参观善本室，细观宋元明清版本；继观四库全书室，室中陈列了由热河避暑山庄运来的《四库全书》，凡九千余函、十六万余册。"此套《四库全书》乃文津阁本。至卫士生，据《一九二五年秋研究院教职员表》载，士生字澳青，职位为事务员。[1]此事《清华国学研究院述略》所载更翔实，曰："参观访问也是研究院学生的一种重要课外活动。一九二五年秋季开学后之十月三日上午九时许，全体院生由事务员卫士生带领进城参观古物陈列所、京师图书馆和北大图书馆。他们先在东华门参观了武英殿、太和殿和文和殿，下午一时于东安市场'四时春'会膳，二时半到方家胡同参观京师图书馆，在善本室看到了宋元明清版本；在'四库书室'看到由热河避暑山庄运来的《四库全书》（凡九千余函，十六万八千余册），至下午六时半始结束。由于时间不足，北大图书馆改期参观。"

十月十五日起，往听王国维每周五上午九时至十时加授之《尚书》课。

案：《清华国学研究院纪事》载："十月十五日，王国维每周加授《尚书》课一小时。《清华周刊》报导研究院消息说：'兹闻该院新加普通演讲一种，名曰《尚书》，由王静安先生讲授，每星期上课

---

〔1〕 孙敦恒：《清华国学研究院纪事》，第278页。

一小时,定于本周起实行。'"但未明载授课日期、时间。检《清华国学研究院述略》"研究院之课程与诸名教授"项下,则知为每周五上午九时至十时。王国维开授《尚书》,应以筠如受益最多,盖其正以《尚书》为研究题目也。其后,吴其昌撰《王观堂先生尚书讲授记》、刘盼遂撰《观堂学书记》,[1]则吴、刘二人与筠如同传王氏《尚书》之学。

同月,发表《伊川学说研究》于《国学丛刊》第二卷第四期。

案:伊川乃程颐,其学说即宋学也,此文亦为筠如就读东南大学毕业前所撰就者。

十一月二十日,往听梁启超讲演《读书示例——荀子》。

案:《清华国学研究院纪事》载:"十一月二十日,梁启超讲演《读书示例——荀子》,由吴其昌记录,是日起分四次刊于《清华周刊》第360期、362期、370期、372期。"筠如好荀子,大学时已发表《评荀孟哲学》,其后又撰《荀子研究》(1931年商务印书馆出版),故知其必会往听。

1926年(民国十五年　丙寅)23岁

一月二十九日,参加第五次师生茶话会。

案:《清华国学研究院纪事》载:"一月二十九日,研究院师生举行第五次茶话会,畅谈一学期以来的研究心得。"

一月三十一日,放寒假。

案:《清华国学研究院纪事》载:"(一月)三十一日起放寒假。"筠如应会回乡度岁。

---

〔1〕吴其昌:《王观堂先生尚书讲授记》,《古史新证——王国维最后的讲义》附录,清华大学出版社1994年版,第231—258页。刘盼遂:《观堂学书记》,同书,第259—299页。

二月二十二日，寒假结束，复往听王国维"古史新证"课。

案：《清华国学研究院纪事》载："二月二十二日，寒假结束，新学期开始。王国维的'古史新证'一课，上学期已授毕，开学后，撰《克鼎铭考释》《盂鼎铭考释》，并改订《毛公鼎考释》，合《散氏盘考释》以授诸生。继之其他宗周诸重器亦多写为释文，讲演之。"是王国维本学期讲授者为金文，其所撰相关论文，后收入《古史新证——王国维最后的讲义》中。此课程对筠如撰作《尚书覈诂》，以金文材料与《书经》互证，其获启发与裨益至大。

四月九日，吴其昌撰《王静安先生〈古史新证〉讲授记》，刊《清华周刊》。筠如应得而读之。

案：《清华国学研究院纪事》载："四月九日，王国维所讲'古史新证'，由吴其昌记录整理后，以《王静安先生〈古史新证〉讲授记》为题，刊于《清华周刊》第 374 期。"吴文今见《古史新证——王国维最后的讲义》附录。[1]其昌与筠如同门，后撰有《金文历朔疏证》，刊见《国立武汉大学文哲季刊》各期中，最得观堂金文学真传。

五月七日，吴其昌撰《王静安先生〈尚书〉讲授记》，连载《清华周刊》。筠如应得而读之。

案：《清华国学研究院纪事》载："五月七日，……王国维讲演《尚书》，由吴其昌记录，以《王静安先生〈尚书〉讲授记》为题，连刊于《清华周刊》第 378 期至 383 期。"吴文今见《古史新证——王国维最后的讲义》附录。

六月十一日，吴其昌撰《王静安先生古今文字讲授记》，刊《清华周刊》。筠如应得读之。

案：《清华国学研究院纪事》载："六月十一日，王国维讲授'古今

---

[1] 吴其昌：《王静安先生〈古史新证〉讲授记》，《古史新证——王国维最后的讲义》附录，清华大学出版社 1994 年版，第 223—225 页。

文字',由吴其昌记录,以《王静安先生古今文字讲授记》为题,刊于《清华周刊》第 383 期。"所谓"古今文字",乃王国维继"古史新证"后续讲宗周诸重器。据吴文记录,计讲:虢叔旅钟、克钟、齐侯镈钟、王孙遗诸钟(吴文"遗"误作"遗")、沇儿钟、邾公牼钟、邵钟、兮甲盘、不娶敦盖(吴文"娶"作"塑")、师害敦、宗周钟、噩侯驭方鼎、录卣、小盂鼎、克鼎,凡十六器。吴文今见《古史新证——王国维最后的讲义》附录,页 226—230。

六月二十一日,以成绩优良,名列榜首,获颁发奖学金。

案:《清华国学研究院纪事》载:"六月二十一日,清华国学研究院举行第十一次教务会议,由梅贻琦主持,王国维、梁启超、赵元任、李济到会,评定了本年学生成绩,议决给成绩较优之学生杨筠如、余永梁、程憬、吴其昌、刘盼遂、周传儒、王庸、徐中舒、方壮猷、高亨、王镜第、刘纪泽、何士骥、姚名达、蒋传官、孔德十六名奖学金,每人一百元。"

六月廿二日,毕业生十五人申请留校研究,筠如未参与。

案:《清华国学研究院纪事》载:"六月二十二日,有十五位毕业生申请留校继续研究,经教务处会议议决准其继续研究一年。后来到校注册继续研究的有刘盼遂、周传儒、姚名达、吴其昌、何士骥、赵邦彦、黄淬伯七人。"筠如因已申请应聘厦门集美学校国学专门部专任教授职,故未拟留校研究。可参看本年"九月"条。

六月二十三日,以甲一成绩等级毕业。

案:《清华国学研究院纪事》载:"六月二十三日,研究院办公室公布'毕业生名单及成绩等级表'和'毕业生成绩一览表'。

毕业生名单及成绩等级表

杨筠如甲一,余永梁甲二,程憬甲三,吴其昌甲四,刘盼遂甲五,周传儒甲六,王庸甲七,徐中舒甲八,方壮猷甲九,高亨乙一,王镜第乙二,刘纪泽乙三,何士骥乙四,姚名达乙五,蒋传官乙六,孔德乙七,赵邦彦乙八,黄淬伯乙九,王啸苏乙十,闻惕乙十一,汪吟龙乙十二,史椿龄乙十三,杜钢百乙十四,李绳熙乙十五,谢星朗丙一,余戴海丙二,李鸿樾丙三,陈拔丙四,冯德清丙五。

毕业生成绩一览表(共 29 名)

杨筠如　尚书覈诂　朕　春秋时代之男女风纪

余永梁　说文古文疏证　殷虚文字考　金文地名考

程　憬　二程的哲学　先秦哲学史的唯物观　记魏晋间的哲学

吴其昌　宋代学术史(天文地理金石算学)　谢显道年谱　朱子著述考　三统历简谱　李延平年谱　程明道年谱文原兵器篇

刘盼遂　说文汉语疏　百鹤楼丛稿

周传儒　中日历代交涉史

王　庸　陆象山学述　四海通考

徐中舒　殷周民族考　徐安淮夷群舒考

方壮猷　儒家的人性论　章实斋先生传　中国文学史论

高　亨　韩非子集解补正

王镜第　书院通征

刘纪泽　书目考　书目举要补正

何士骥　部曲考

姚名达　邵念鲁年谱　章实斋之史学

蒋传官　曾涤生、胡咏芝之学术思想　春秋时代男女之风纪

孔　德　外族音乐流传中国史　会意斠解汉代鲜卑年表

赵邦彦　说文疏证

黄淬伯　说文会意篇

王啸苏　说文会意字　两汉经学史

闻　惕　辜庵丛稿　尔雅释例匡谬

汪吟龙　文中子考信录　左传田邑移转表

史椿龄　孟荀教育学说

杜钢百　周秦经学考

李绳熙　唐西域传之研究

谢星朗　春秋时代婚姻的种类　春秋时代的恋爱问题　春秋
　　　　时代亲属间的婚姻关系

余戴海　孟荀学说之比较

李鸿樾　金文地名之研究

陈　拔　颜李四书字义

冯德清　匈奴通史。"

据上二表所载,则清华学校国学研究院第一届毕业生二十九人,其论文范围遍涉四部,而以经学为多。笃如名列榜首,所撰论文三篇,其中《尚书覈诂》内容最为坚实,后经增订,1959 年(民国四十八年)6 月陕西人民出版社全本印行;《媵》则 1927 年(民国十六年)6 月刊见《国学论丛》第一卷第一号;《春秋时代之男女风纪》,1928年(民国十七年)3 月刊见《国立第一中山大学语言历史学研究所周刊》第二集第十九期,此文虽与蒋传官所撰同题目,惟蒋文其后未见刊行,二者应各自成篇,非尽雷同也。

六月二十五日,出席清华学校国学研究院第一届毕业典礼,领取证书。

案:《清华国学研究院纪事》载:"六月二十五日,研究院举行第一届毕业典礼。"又考《清华国学研究会纪事》所载"修改后的《研究院章程提要》"第六条云:"学生研究期满,其成绩经教授考覈认为合格者,由本院给予证书,其上载明研究时限及题目,并由校长及教授签字。"则筠如领取之证书,其上有曹云祥校长、王国维教授签名,及其研究期限与所撰《尚书覈诂》等论文题目。

六月二十六日,暑假开始。

案:《清华国学研究院纪事》载:"六月二十六日,暑假开始。"筠如离校返湘,应在此日之后。

七月八日,陈寅恪抵清华。

案:《清华国学研究院纪事》载:"七月八日,陈寅恪到校,在吴宓陪同下拜访了赵元任、梅贻琦和王国维,并'游观'了研究院。后住清华南院。"筠如恐已离校,无缘晋谒陈寅恪。

九月,受聘厦门集美学校国学专门部为专任教授。

案:《集美学校七十年》载:"陈嘉庚先生于一九二一年创办了厦门大学。四月六日,厦门大学在集美学校礼堂举行开学式,并假集美学校新落成的即温楼为校舍。创办厦门大学后,他兴办集美学校的第四步规划是办大专院校。一九二六年九月,他在集美学校开办了国学专门部,招收旧制中学毕业生 44 人,按照专门学校办法,修业年限定为四年,聘杨筠如(湖南人)、余永梁(四川人)、刘纪泽(江苏人)等人为专任教授。"[1]是此年九月始,筠如与同窗余永梁、刘纪泽同任教于集美学校国学专门部。

九月十四日,研究院讨论创办《国学论丛》。

案:《清华国学研究院纪事》载:"九月十四日,研究院举行第三

---

〔1〕《集美学校七十年》,福建人民出版社 1983 年版。惟《常德县志》卷二十八《人物》"杨筠如"条载:"毕业后,由业师梁启超介绍,在集美中学任教。"二者微有出入,应以《集美学校七十年》所载为准。

次教务会议,由梅贻琦主持,到会者王国维、梁启超、赵元任、陈寅恪四位教授。讨论了补考生的补考问题、购置藏文藏经问题和创办季刊问题。所谓'季刊',即后来创办的《国学论丛》。'《国学论丛》为本院定期出版品之一,内容除各教授著作外,凡本院毕业生成绩之佳者,均予刊载。由梁任公先生主撰。'(《国学论丛》第一卷第一号)"筠如固属"毕业生成绩之佳者",故所撰《滕》一文即刊见《国学论丛》第一卷第一号。

十二月三日,王国维五十生辰,亲友、门生均往致贺。

案:《清华国学研究院纪事》载:"十二月三日,为王国维先生五十生辰,亲友及门生均往致贺。月中,招其门生茶会于工字厅,出汉、魏、唐、宋石经墨本多种,以示诸同学,并讲述石经历史及源流。"筠如理宜往贺,然亦未可知也。

1927 年(民国十六年　丁卯)24 岁

四月,王国维所编撰《清华学校研究院讲义》油印本出版。

案:《清华国学研究院纪事》载:"四月,王国维编撰《清华学校研究院讲义》(民国十四年至十六年四月)油印本一册,其目录为:古史新证、中国历代之尺度、莽量释文、散氏盘考释、盂鼎铭考释、克鼎铭考释、毛公鼎铭考释、蜀石经残拓本跋、释乐次、小盂鼎释文、兮甲盘释文("兮"误作"弓",径改)虢季子白盘释文、不娰敦释文、("娰"误作"殷",径改)、师袁敦释文、("袁"误作"夔",径改)宗周钟释文、噩侯驭方鼎释文、白犀父卣释文、录卣释文、齐镈释文、王孙遗诸钟释文、沇儿钟释文、邾公牼钟释文、("牼"误作"牲",径改)虢叔旅钟释文、克钟释文、说文今叙篆文合以古籀说、史籀篇疏证序、战国时秦用籀文六国用古文说、西吴徐氏印谱序。清华研究院办公室代辑。"此书即 1994 年 12 月北京清华大学出版社出版之《古史新证——王国维最后的讲义》,惟后者增裘锡圭《前言》与季镇淮《跋》,又附录孙敦恒提供,分别由吴其昌、刘盼遂所撰文章7篇。筠如必购《讲义》,以资参研。

五月间函请王国维为《尚书覈诂》赐序。

案:《尚书覈诂自序》曰:"尔后南游闽海,以暇暑复加雠削,重邮故京,蕲先师详为指政。承先师锡以序文,加以批语,甫归予于鹭岛,而先师即自沈于鼎湖。从此问字无门,痛心可想矣!"筠如南游闽海,移居鹭岛,指于集美学校国学专门部任教。《自序》之"先师",即王国维;"鹭岛"即厦门;"鼎湖"指颐和园昆明湖。国维之《序》,末署"丁卯四月",即阳历1927年5月,《序》寄归厦门集美,未几而国维殉清,其寄抵日期应在6月2日前。

至王国维所撰《尚书覈诂序》,其文曰:"古经多难读,而《尚书》为最。伏生今文之学,其传为欧阳、大、小夏侯,各有《章句》。而孔安国本传伏生之学,别校以壁中古文,为一家。传至贾、马、郑、王,各有修正。今今古文诸家之学并亡,然传世之伪《孔传》,殆可视为集其大成者也。然有今古文之说,而经书之难读如故也。伪孔之学,经六朝而专行于唐。而宋,而欧阳永叔、刘原父始为新学;而苏氏之《传》、王氏之《新义》、林氏之《集解》,皆脱注疏束缚,而以己意说经,朱子草创《书传》,多采其说。朱《传》虽未成,而蔡氏《集传》,可谓集其大成者也。蔡氏之书,立于学官者又数百年,然书之难读仍如故也。至近世,阎、惠二氏始证明孔本及《传》之伪,王氏、江氏复蒐马、郑之说,段氏、孙氏又博之以欧阳、夏侯氏之说,而高邮王氏父子,涵泳经文,求其义例,所得尤多。德清、瑞安,并宗其学,惜尚未有荟萃而画一之如孔、蔡二《传》者。惟长沙王氏虽有成书,然网罗众说,无所折衷,亦颇以繁博为病。门人常德杨筠如近作《尚书覈诂》,博采诸家,文约义尽,亦时出己见,不愧作者。其于近三百年之说,亦如汉、魏诸家之有《孔传》,宋人之有《蔡传》,其优于《蔡传》,亦犹《蔡传》之优于《孔传》,皆时为之也。筠如英年力学,异日当加研求,著为定本,使人人闻商、周人之言,如乡人之相与语,而不苦古书之难读,则孔、蔡二《传》,又不足道矣。丁卯四月,海宁王国维。"王氏此《序》,历而评述自汉迄清《尚书》章句学之源流及情状甚备悉,《序》末不惟于《尚书覈诂》推誉颇高,而于筠如其人之期盼,尤为深切也。师恩如海,于斯见之矣!

六月二日,王国维自沉颐和园昆明湖。

案:《清华国学研究院纪事》载:"六月二日,清华浙江同乡会集会欢送研究院毕业之同乡。会间噩耗传来,校长曹云祥向与会同乡宣布:'顷闻同乡王静安先生自沉颐和园昆明湖,盖先生与清室关系甚深也。'众人闻讯,不禁叹息。校长曹云祥、教务长梅贻琦即率研究院教授、助教诸先生及学生30余人,乘汽车前往察看遗体,梁漱溟先生亦随行。及至颐和园,即因时间已至夜间10时左右,门卫只准校长等三人入内,其余原车返回学校。"王国维殉清后,清华学校国学研究院梁启超、陈寅恪、吴宓、王力、姚名达等师生各有挽诗、挽联以表哀悼;徐中舒、柏生(即刘节)亦为文以申哀思,筠如时在厦门集美,未见致挽。

同月,所撰《滕》刊载《国学论丛》第一卷第一号。

案:《清华国学研究院纪事》载:"六月,清华学校研究院季刊《国学论丛》第一卷第一号问世,本期内容,梁启超《王阳明知行合一之教》、王国维《桐乡徐氏印谱序》、吴其昌《宋代之地理史》、杨筠如《滕》、徐中舒《从古书中推测之殷周民族》、王镜第《书院通征》、刘盼遂《淮南子许注汉语疏》、何士骥《部曲考》、周传儒《中日历代交涉史》、余永梁《殷周文字考》、卫聚贤《左传之研究》、陈守寔《明史稿考证》、郑宗棨《鸦片之源流》、陆侃如《二南研究》、谢国桢《顾亭林先生学侣考序》、颜虚心《陈同父生卒年月考》、陆侃如《跋古层冰陶靖节年谱》,及《研究院纪事》。"《媵》,乃筠如毕业所撰论文三篇之一。媵者,妾之谓也。

十一月十五日,王国维《尚书覈诂序》刊见《国立第一中山大学语言历史学研究所周刊》第一集第三期。

案:刊见《周刊》之王《序》,与其后载《尚书覈诂》书首者,文字略有异同,即署年作"丁卯首夏",亦与作"丁卯四月"稍异。此《序》应为筠如送交《周刊》刊载者。其翌年则有"羊城之游",是筠如将离厦门集美而任教国立第一中山大学矣。

1928 年(民国十七年　戊辰)25 岁

作羊城之游,执教广州市国立第一中山大学。

案:《尚书覈诂自序》曰:"翌年有羊城之游,因以此书之一部,刊于中山大学《语言历史周刊》。"《自序》之"翌年",乃指 1927 年之来年;"羊城"即广州。《自序》虽未明言任教国立第一中山大学,惟由本年三月起,以迄 1929 年 8 月,筠如论文屡见载中山大学《周刊》,是其任教该校至少二年之证。如谓王国维《尚书覈诂序》1927 年 11 月 15 日已见载《周刊》,乃属筠如送交稿件,则此日期之前后,筠如或已抵达羊城矣。

三月,发表《春秋时代之男女风纪》于《国立第一中山大学语言历史学研究所周刊》第二集第十九期。

案:此文乃筠如毕业论文三篇之一。颇疑筠如任教者乃国立第一中山大学之语言历史学研究所。

同月,发表《周代官名略考》于《国立第一中山大学语言历史学研究所周刊》第二集第二十期。

同月,发表《三老考》于《国立第一中山大学语言历史学研究所周刊》第二集第二十一期。

案:《賸》、《周代官名略考》、《三老考》皆属古代历史制度之研究。

八月,清华学校改名国立清华大学。国学研究院定下年度停办。

案:《清华国学研究院纪事》载:"八月,南京国民政府决定清华学校改为国立清华大学,任命罗家伦为清华大学校长。清华学校完成向清华大学的过渡。……清华国学研究院下年度停办已定,校务会议没有再指定由谁来主持研究院院务!"

十一月,发表《尚书覈诂》(一)于《国立第一中山大学语言历史学研究所周刊》第五集第五十三、五十四期。同月,发表《尚书覈诂》(二)于《国立第一中山大学语言历史学研究所周刊》第五集第五十五期。

十二月,发表《尚书覈诂》(三)于《国立第一中山大学语言历史学研究所周刊》第五集第五十七、五十八期。同月,发表《尚书覈诂》(四)于《国立第一中山大学语言历史学研究所周刊》第五集第五十九、六十期。

案:《尚书覈诂》凡分 4 卷:卷 1《虞夏书》,卷 2《商书》,卷 3《周书》上,卷 4《周书》下。虽已分 4 次发表于《国立第一中山大学语言历史学研究所周刊》,然证以《尚书覈诂自序》"因以此书之一部,刊于中山大学《语言历史周刊》"之说,则所已发表者犹非全书。

同月,发表《尧舜的传说》(一)于《国立第一中山大学语言历史学研究所周刊》第五集第五十九、六十期。

同月,发表《尧舜的传说》(二)于《国立第一中山大学语言历史学研究所周刊》第六集第六十一期。

案:《尧舜的传说》属上古史传说研究类,与《尚书覈诂》卷1《虞夏书》之《尧典》第一、《皋陶谟》第二颇有关涉。

1929年(民国十八年 己巳)26岁

一月十九日,梁启超病逝北平协和医院。

案:《清华国学研究院纪事》载:"一月十九日,梁启超病逝于北平协和医院。因政局之变化,丧事颇冷落。吴宓在《空轩诗话》中说:'梁先生为中国近代政治文化史上影响最大之人物。其逝也,反若寂然无闻,未能比于王静安先生受人哀悼。吁!可怪哉!'"筠如除获王国维钟爱,亦为梁任公所激赏,《尚书覈诂自序》谓《覈诂》四卷草成,"梁师任公先生亦许以高出江、王、孙、段四家之上"。江指江声(艮庭),撰《尚书集注音疏》12卷;王指王鸣盛(西庄),撰《尚书后案》30卷;孙指孙星衍(渊如),撰《尚书今古文注疏》30卷;段指段玉裁(若膺),撰《古文尚书撰异》32卷。王、梁两师同声褒誉其书,无怪筠如毕业为榜首也。

同月,发表《两汉赋税考》于《国立第一中山大学语言历史研究所周刊》第六集第六十六期。

三月,发表《读何定生君〈尚书文法研究专号〉》于《国立第一中山大学语言历史学研究所周刊》第六集第七十二期。

五月,发表《姜姓的民族和姜太公的故事》于《国立第一中山大学语言历史学研究所周刊》第七集第八十一期。

六月二日,王国维去世二周年,清华学校国学研究院师生集资建"海宁王静安先生纪念碑"。

案:《清华国学研究院纪事》载:"六月二日,在王国维去世二周年的日子里,清华国学研究院师生集资,于清华园内工字厅东南土坡上建一'海宁王静安先生纪念碑',纪念碑由梁思成设计,陈寅恪撰文,林志钧书丹,马衡篆额。碑文是:'海宁王先生自沉二年,清华研究院同人感怀不能自已,其弟子受先生陶冶煦育者有二年,尤思有以永其念,佥曰宜铭之贞珉,以昭示于无竟,因以刻石之辞命寅恪。数辞不获已,谨举先生之志事,以普告天下后世。其词曰:士之读书治学,盖将以脱心志于俗谛之桎梏,真理得以发扬,思想而不自由,毋宁死耳。斯古今仁圣所同殉之精义,夫岂庸鄙之敢望?先生一死见其独立自由之意志,非所论于一人之恩怨、一姓之兴亡。呜呼!树兹石于讲舍,系哀思而不忘,表哲人之奇节,诉真宰之茫茫。来世不可知者也,先生之著述或有时而不章,先生之学说或有时而可商,惟此独立之精神、自由之思想,历千万禩,与天壤而同久,共三光而永光。'此碑今仍矗立于清华校园内。"筠如固陶冶煦育而受师恩于静安先生最深者也,则是次建碑以永其念,想必乐意参与集资,俾竟其功。

六月底,清华学校国学研究院正式结束。

案:《清华国学研究院纪事》载:"六月底,清华国学研究院正式宣告结束。……清华国学研究院结束后,陈寅恪改任清华大学中文、历史两系合聘教授,赵元任被中央研究院聘为历史语言研究所研究员兼语言组主任,其它教职员也都担起了新的工作。前后四届70多名毕业生,或执教,或从事研究,后来大都成为我国在语言学、史学、哲学、古文字学、考古学等方面的著名专家学者,为国学的继往开来作出了贡献。"筠如亦属毕业生中能传承师业,而在经史学方面有较大成就与贡献之专家学者。

七月,发表《周公事迹的传疑》于《国立第一中山大学语言历史学研究所周刊》第八集第九十一期。

八月,发表《春秋初年齐国首称大国的原因》于《国立第一中山大学语言历史学研究所周刊》第八集第九十二、九十三期。

案:筠如任教国立第一中山大学语言历史学研究所两年中,发表论文多属上古历史之探讨;如其《尧舜的传说》、《周公事迹的传疑》诸篇,所采用研究方法,显受当时古史辨派疑古学风之影响。

1930 年(民国十九年　庚午)27 岁

本年起,将《尚书覈诂》重加订补,拟付剞劂,而终不果行。

案:《尚书覈诂自序》云:"翌年有羊城之游,因以此书之一部,刊于中山大学《语言历史周刊》。又得仲容、益吾二先生之书,知尚有可取者。重加订补,由友人顾颉刚先生介于上海某书肆,拟付诸剞劂,质之大雅,以为引玉之资。寻后悔其孟浪,索归敝箧,决作覆瓿之计矣。"据是,则筠如利用仲容、益吾二家书重加订补其《覈诂》,其事乃在将部分《覈诂》发表于《国立第一中山大学语言历史学研究所周刊》后,亦即 1929 年 12 月以后。《自序》所言之仲容,即孙诒让,撰有《尚书骈枝》1 卷;益吾,即王先谦,撰有《尚书孔传参正》36 卷。筠如知用孙、王二家书以作订补,实受王国维《序》所启示。惟益吾书多至 36 卷,国维责以"网罗众说,无所折衷,亦颇以繁博为病",所责或非过言也。

四月,旅居日本东京,翻译桑原骘藏《由历史上观察的中国南北文化》为汉文。

案:筠如译文有《跋》曰:"此文揭于白马博士还历纪念(大正十四年十一月)《东洋史论丛》。虽著者自认为粗枝大叶,但此种通论非一般泛论可比,自有精到之处,用特译出,以介绍于邦人。民国十九年四月一日译于东京寓次。"是知筠如通日语,其时客寓于日本首都东京。至其何时赴日,又何时返回中国,则不可确知。惟翌年九月,筠如已受聘青岛大学,想必之前已回国。[1]

七月,所译桑原骘藏《由历史上观察的中国南北文化》,发表于《国立武汉大学文哲季刊》第一卷第二号。[2]

所撰《九品中正与六朝门阀》,由商务印书馆出版。

案:此书与王伊同《五朝门第》为同类型之专著,王书至 1943 年始由金陵大学中国文化研究所出版,晚于杨书十三年。

1931 年(民国二十年　辛未)28 岁

九月,受聘青岛大学文学院,为专任讲师。

案:闻黎明、侯菊坤编《闻一多年谱长编》1931 年 9 月条载:"这学年,青岛大学文学院新聘讲师有赵少侯、游国恩、杨筠如、梁启勋、沈从文、费鉴照,兼任教师有孙承谟、苏保志、孙方锡、张金梁、刘崇玑,教员有谭坤就。(据《青岛大学一览·职教员录》,1931 年度)"[3]是此年 9 月起,筠如任教青岛大学。[4]

所撰《荀子研究》,由商务印书馆出版。

案:筠如此书对日本学者研究《荀子》颇有影响。佐藤将之2003 年 12 月于《国立政治大学学报》第十一期发表《二十世纪日本荀子研究之回顾》,中云:"当时的中国,尤其是从'古史辨'学派对《荀子》本文的分析来的。其中对日本影响最大的,是胡适以及杨筠

---

〔1〕《常德县志》卷二十八《人物》"杨筠如"条载:"不久,赴日本留学。"是则留学必在此年或之前不远。

〔2〕桑原骘藏著,杨筠如译:《由历史上观察的中国南北文化》,《国立武汉大学文哲季刊》第一卷第二号,台湾学生书局 1970 年版,第 281—360 页。

〔3〕闻黎明、侯菊坤编:《闻一多年谱长编》,湖北人民出版社 1994 年版,第 415 页。

〔4〕《常德县志》卷 28《人物》"杨筠如"条载:"回国后,历任厦门、中山、暨南、青岛、河南、四川、湖南各大学讲师、教授。"据是,则筠如任教青岛大学前,又曾任教暨南大学,惜未能详悉其年月。至《常德县志》此条所载颇有错误,盖筠如任教厦门、中山均在赴日之前,而非从日本回国后。《常德县志》此条尚载有筠如教学期间"又东渡日本考察教育一年"之说,其确实年月均未详述,不可考矣。

如。……杨筠如把胡适对《荀子》的怀疑推衍得更为极端。他注意到，《荀子》一书中与《韩诗外传》《大戴礼记》重复的段落甚多，而结论说：现本《荀子》是由《韩诗外传》《大戴礼记》等汉代的文献凑成一本的书，所以其内容自然并不代表荀子本人的思想。总之，在日本早期的荀子研究，或多或少都意识到胡适与杨筠如两人的主要观点。"[1]由此条所记，则筠如研究《荀子》，亦颇受胡适及当时"古史辨"学派所影响。

1933年(民国二十二年　癸酉)30岁

夏间，任教开封市省立河南大学，以《尚书》授诸生，并取高亨、裴学海、于省吾三家之说，择其善者，以改《尚书覈诂》之旧说。

案：《尚书覈诂自序》曰："癸酉之夏，北来中州，与同门高晋生先生相遇，取予旧稿读之，勉其完成，以无负先师之意，因复取为中州诸生课之。而晋生先生于《尧典》诸篇，时亦出其新谊。予因触类旁通，复能间有所获。同时若同门裴会川先生有《尚书成语之研究》，海城于省吾氏亦有《尚书新证》问世。裴书多弹声韵，略近高邮；于书证以彝鼎，亦法先师。虽予获读二书较迟，未能尽采，但已择其善者改予旧说，以视皮、王二氏之辑，似又稍备矣。"《自序》所言之"高邮"，即王念孙、引之乔梓；"高晋生"，即高亨；"裴会川"，即裴学海；而于省吾则字思泊，筠如或犹未之知者也。"皮、王二氏之辑"一语，乃指皮锡瑞《今文尚书考证》30卷，与王先谦《尚书孔传参正》36卷。

1934年(民国二十三年　甲戌)31岁

四月，撰《尚书覈诂自序》。

案：《尚书覈诂自序》曰："《尚书》非一时之作，其中方言非一代

---

[1] 佐藤将之：《二十世纪日本荀子研究之回顾》，《"国立"政治大学学报》第十一期，台北政治大学，2003年版，第43页。

可赅。然皆远出先秦，词多雅古，自昔苦其诘屈，绩学未能精知。博士马、郑而下，颖达、朱、蔡之传，诠释虽多，条达盖寡。逊清朴学昌明，大师辈出，段若膺、陈朴园订其异同，江艮庭、王西庄、孙渊如、简竹居集其训诂，而高邮王氏父子、德清俞氏、瑞安孙氏，抽绎诸经，尤多创获。吾湘善化皮氏、长沙王氏，网罗异说，亦称功臣。但既骈枝后出，为新注所未收，而又胶柱陈言，即大师亦难免焉。先师海宁王静安先生讲学故京上庠，以此循诱后进，博考甲文金铭，所获远迈前修。予于此时亲炙师说，旁考逊清诸家，间附己见，草成《覈诂》四卷，先师颇奖其勤，而梁师任公先生亦许以高出江、王、孙、段四家之上。实则此时尚未获籀仲容、益吾两先生之书，其所搜录，尚多未备也。尔后南游闽海，以暇暑复加雠削，重邮故京，蕲先师详为指政。承先师锡以序文，加以批语，甫归于鹭岛，而先师即自沉于鼎湖。从此问字无门，痛心可想矣！翌年有羊城之游，因以此书之一部，刊于中山大学《语言历史周刊》。又得仲容、益吾二先生之书，知尚有可取者。重加订补，由友人顾颉刚先生介于上海某书肆，拟付诸剞劂，质之大雅，以为引玉之资。寻后悔其孟浪，索归敝箧，决作覆瓿之计矣。癸酉之夏，北来中州，与同门高晋生先生相遇，取予旧稿读之，勉其完成，以无负先师之意，因复取为中州诸生课之。而晋生先生于《尧典》诸篇，时亦出其新谊，予因触类旁通，复能间有所获。同时若同门裴会川先生有《尚书成语之研究》，海城于省吾氏亦有《尚书新证》问世。裴书多弹声韵，略近高邮；于书证以彝鼎，亦法先师。虽予获读二书较迟，未能尽采，但已择其善者改予旧说，以视皮、王二氏之辑，似又稍备矣。然而自信可通者，尚不十之四五，求如先师所谓如乡人之相与语者，尚未有可以道里计也。甲戌孟夏，杨筠如自序于河南大学。"读此《序》，可悉筠如撰写及订补其书之辛勤；至其《序》评骘古今治《尚书》诸家之优劣与良窳，所言亦多中肯綮，较之其师《序》所述说者，杨文洋洋洒洒处，似差堪比肩矣也。

同时，又撰《尚书覈诂凡例》。

案：筠如《尚书覈诂凡例》曰："一、本书对于伪古文《尚书》溢出今文二十八篇原文之外者，概行割爱不取，以省读者之脑力，亦以还原《尚书》之本来面目。二、本书分篇，系根据马、郑本参以《史记》诸书，如《盘庚》分为三篇，史公与郑本相同，《汉石经》亦空一格，以示不相连属，兹亦定为三篇。《康王之诰》，大、小夏侯及欧阳本与《顾命》合篇，兹仍马、郑本之旧，分'王若曰'以下为《康王之诰》，故较今文二十八篇，溢出三篇，实计三十一篇。三、本书篇次，亦系根据马、郑本，故《金縢》次于《大诰》之前，与《大传》之次序不同；《柴誓》亦移次《吕刑》之前，不从伪古文本。四、本书既名'覈诂'，故对于各家师说，概不墨守，惟求与经旨相协，其文字异同，亦不专从一家一本，兼采今古文以及日本所藏古本、敦煌所出诸隶古定本，以取其长，而求其当。五、本书为求真起见，对于训诂，务求有所根据，除甲文、金石文例之外，所用字义，皆用唐人以前之训诂。每字上并标明所引原书，冀免凿空之病。六、本书仅于每句艰深之字，加以考释，不复逐字逐句详为解说，以免卷帙浩繁，反令读者忘本经用意所在。惟对于异文，则大致并录，以备参考。七、本书为补救简略之弊，采用新式符号，庶使句读既明，文义自显。"[1]此处所订凡例共七条：第一条言其书仅采今文，割爱古文；第二条言书之分篇；第三条言书之篇次；第四条言其书训诂不墨守师说，而所用版本亦不专从一家；第五条言其书训释字义仅用唐人以前训诂，并标明引书出处；第六条言

---

[1] 杨筠如：《尚书覈诂凡例》，第1—2页。

其书仅考释艰深文字,而不逐字逐句解说;第七条言全书采用新式标点符号。读《凡例》后,固可审悉《尚书覈诂》著作之规例也。

将《尚书覈诂》前半部,与裴学海《老子正诂》,交北平北强学社合印出版。

案:李学勤《尚书覈诂新版序》曰:"我在一九四九年前后见到的《尚书覈诂》,又是一种本子。这是《北强月刊》的特辑,有《覈诂》的前半,与裴学海的《老子正诂》合印在一起。这个本子我多次阅读,极多获益。"〔1〕学勤所见即此本。

其后,北强学社又出版《尚书覈诂》单行本。

案:民国二十四年十二月三十一日,《浙江省立图书馆馆刊》第四卷第六期发表童书业《评杨筠如著〈尚书覈诂〉》,文首注明所据者乃"北强学社印本"。童文于文末又云:"复次,尚有一事须提出者,即本书内容虽佳,而印刷则劣;且校对疏忽,错字极多,殊不便于学者。深望再版时能重校正也。"足见童氏所得而读者乃《尚书覈诂》北强学社之单行本,而绝非其前所版行之杨、裴二书合印本。惟此单行本多有不如人意处,故童氏特予指出,以期改正。

1935 年(民国二十四年　乙亥)32 岁

《尚书覈诂》(续),发表于《北强月刊》。

案:此文未见,仅据余秉权《中国史学论文引得续编——欧美所见中文期刊文史哲论文综录》所著录。〔2〕

十二月三十一日,童书业《评杨筠如著〈尚书覈诂〉》发表于《浙江省立图书馆馆刊》第四卷第六期。

---

〔1〕 李学勤:《尚书覈诂新版序》,第1—2页。本文以下征引李文,不再出注。

〔2〕 余秉权:《中国史学论文引得续编——欧美所见中文期刊文史哲论文综录》,第521页。

案：董文末尾署年为"二十四、十、二十五，于燕大"，即民国二十四年十月二十五日，其时童氏任教燕京大学。董文评《尚书覈诂》曰："杨著本书据《自序》完成于民国二十三年(甲戌)，而草创于若干年之前，盖积长时间之研究，始成为定本者也。其书一部分曾发表于中山大学《语言历史周刊》，今本则较旧本更胜。书首载王国维先生《序》，谓此书'于近三百年之说，亦如汉、魏诸家之有《孔传》，宋人之有《蔡传》；其优于《蔡传》，亦犹《蔡传》之优于《孔传》，皆时为之也'。王先生之言，可谓是书的评。盖《尚书》自古即苦难读，马、郑之注尚矣，今不复得见；而《孔传》则庸劣不堪卒读，《蔡传》虽远胜伪孔，然限于时代，则考证未周，亦未可谓完善之注；清儒思精学博，其诸经新释凌汉压宋，顾多拘泥于家法，其说亦时若有难通者。杨君此书折衷诸家，不姝姝守一先生之言，旁通博征，是其特长(又杨书对于异文大致并录，亦便学者)；然所注往往求之过深，反失其解。(此病《尧典》诸篇尤甚，《周书》以下实为全书最善之部，而《大诰》等篇解释更佳)而其精断则固可称矣。兹举《尧典》一篇评其得失如次以为例。(其《周书》各篇解释之佳，读者自知)……"[1]是童氏以为杨书多精断处，所注虽往往求之过深，而得失互见，然而杨氏全书实瑕不掩瑜也。

1936年(民国二十五年　丙子)33岁

任教国立四川大学。

案：民国二十六年四月，国立清华大学校长办公室印行之《清华同学录》"杨筠如"条，筠如自署职称为"成都国立四川大学教授"，则其任此职必在民国二十六年前，姑列其任川大教授于此年；因至民

---

〔1〕 童文又发表于《天津益世报》、《读书周刊》，1939年11月14日；后收入童书业著、童教英整理《童书业史籍考证论集》，中华书局2005年版，第643—647页。

国二十六年,筠如已遣返常德,则其任教川大,为时甚暂。

1937 年(民国二十六年　丁丑)34 岁

抗日战争爆发,遣返常德,多有建树。而任教湖南大学应在此年或稍后。

案:《常德县志》卷28《人物》"杨筠如"条载:"民国 26 年,抗日战争爆发,先后担任过常德县立中学校长、移芝中学校长、常德县参议会参议员。……任参议员时,对于地方兴革多有建议。"筠如任教湖南大学或在此时。据《常德县志》同条载筠如尝著《中国通史》,由湖南大学石印行世。

1940 年(民国二十九年　庚辰)37 岁

七月十五日,发表《元代对于西南特区之开发》于鄂湘川黔边区绥靖主任公署印行之《边声月刊》第一卷第二期。

1946 年(民国三十五年　丙戌)43 岁

七、八月间去世。时或任教西北大学。

案:杨树达《积微居回忆录》1946 年 12 月 24 日条载:"王疏庵告余:杨德昭(筠如)七、八月间逝去。杨著《尚书覈诂》,颇为王静安所称赏。时同学数十人,王以杨为首选。近年颓放,酷嗜雀牌,学遂不进。社会无学术环境,诱道之者皆恶事,致令优秀之士不能有大成就而死,个人与社会当分负其责者也。"[1]据是,则筠如是年七、八月间卒,年仅四十有三耳。王疏庵,即王竞,湖南长沙人,筠如清华学校国学研究院第一届同窗,字啸苏,号笑疏、疏庵,与杨树达同乡里,故所言可信。至筠如卒前任教西北大学,则据李学勤《尚书覈诂新版序》,学勤谓筠如"终老于西大",所说似应有本。

---

〔1〕 杨树达:《积微居回忆录》,上海世纪出版股份有限公司 2006 年版,第 250—251 页。此条承杨逢彬教授(杨树达文孙)赐告,特此鸣谢。

谱 后

1959 年

六月,陕西人民出版社印行《尚书覈诂》四卷全本。

案:李学勤《尚书覈诂新版序》曰:"《尚书覈诂》的一九五九年版是四卷全本,但仅印两千册,流传有限,尤其是大家都知道那时的物质条件,纸墨都不理想,也难免误植之处。我自己收藏的一部,尽管着意保护,还是有不少地方焦酥裂碎了。"是学勤认为陕西人民出版社印行之《尚书覈诂》,不但印量少,流传不广,且纸墨与校雠亦多不理想。

1965 年

台湾商务印书馆出版《荀子研究》,乃台一版。

1970 年

台湾商务印书馆重印《荀子研究》,乃台二版。

1978 年

台北市学海出版社重印《尚书覈诂》。

1992 年

上海古籍出版社出版《民国丛书》,其第四编收入《荀子研究》。

2005 年

四月二十二日,北京举行"清华国学研究院与 21 世纪中国学术讨论会",李学勤发表开幕词《深入探讨清华国学研究院的成就和经验》。

十二月,陕西人民出版社出版由黄怀信标校之《尚书覈诂》。

案:李学勤《尚书覈诂新版序》载:"'文革'过后,屡次有朋友或学生询问怎样能得到《尚书覈诂》。一次西安会晤陕西人民出版社领导,谈到学术界这方面的要求,蒙其慨允重版,并托我协助整理,在当时还很不方便的情况下,提供我一部复印本,以资校改。然而我工作繁多,竟再三拖延,未能着手,内心常觉愧之。前些时候,我把这项工作转托给黄怀信教授,他欣然允可,旋即全力投入,终使此书新版顺利付梓。"可悉此书得以出新版之过程。《新版序》又曰:"由黄怀信教授负责《覈诂》的整理,是再适当也没有的。他多年研究和整理古籍,广有经验,对《尚书》更下过很大工夫,著有《尚书注训》。同时他是西北大学出身的,而杨筠如先生正终老于西大,整理《覈诂》可谓对母校传统的推阐发扬。"李学勤此段话予吾人一重要讯息,即筠如曾任教西北大学,照时间推算应在 1946 年(民国三十五年 丙戌)7、8 月前。惟其时筠如 43 岁,不应称"终老"。是李学勤于筠如事迹所知亦未尽精确也。

2008 年

五月十八日,《南方都市报》发表胡文辉《现代学林点将录·正榜头领之五十——地强星锦毛虎燕顺徐中舒》。

案:胡文中有云:"在民初学术史上,王国维借古文字而治古史,异军突起,震动一世。当日亲炙教泽,各有所成者甚多,仅王氏在清华大学国学研究院的门下士,即有杨筠如、朱芳圃、刘盼遂、徐中舒、卫聚贤、高亨、刘节、姜亮夫、吴其昌、余永梁、戴家祥诸人,皆现代学林的生力军。其中最能得王氏气象者,其惟徐氏乎?"胡氏此文着意表彰徐中舒,惟其文中列示出之王门众弟子名单,仍不能不以杨筠如为榜首,足证筠如在王门群弟子中犹稳占其魁星之地位。

以上已将所知悉筠如事迹,用系年法排比资料整理完竣。以下拟就系年资料,为筠如撰一小传,用以结束全篇。

杨筠如乃现代较著名之经史学家、教育家,与子学、理学研究者。

筠如,字德昭,湖南省常德县人。生于清光绪二十九年(1930年 癸卯),其家世及早年生活,多不可考。

民国七年(1918年 戊午),考入湖南省立第二中学。

大学时代,就读南京东南大学国文系,尝撰《评荀孟哲学》、《孔子仁说》、《伊川学说研究》,发表于东南大学《国学丛刊》,借著声闻,并打下学术研究之初基。

民国十四年(1925)七月,考入清华学校国学研究院,追随国学大师王国维教授治学,研究《尚书》,撰成毕业论文《尚书覈诂》4卷,深获王国维、梁启超褒誉,成绩为全院之冠,远出同窗吴其昌、徐中舒、刘盼遂、高亨之上。

毕业后,先后执教厦门集美学校国学专门部、广州国立第一中山大学、暨南大学、青岛大学、省立河南大学、国立四川大学、湖南大学、西北大学,桃李满门,对高等教育卓具贡献。

教学之暇,勤奋著述,所刊行及发表经学论著有《尚书覈诂》、《读何定生君〈尚书文法研究专号〉》,其《尚书覈诂》一书,尤备受王国维、梁启超、童书业赞许;史学论著有《中国通史》,另如《尧舜的传说》、《周公事迹的传疑》、《姜姓的民族和姜太公的故事》、《周代官名略考》、《媵》、《三老考》、《春秋时代之男女风纪》、《春秋初年齐国首称大国的原因》、《西汉赋税考》、《九品中正与六朝门阀》,内容多属研探古代史事,或考证典制。间亦研治元代边疆史地,撰有《元代对于西南特区之开发》。至其研究方法,则颇受"古史辨派"之影响;子学专著有《荀子研究》。其《荀子研究》,考究出《荀子》一书乃以汉代文献如《韩诗外传》、《大戴礼记》等堆凑而成,殊不足以代表荀子本人思想。日本学者于上世纪钻研《荀子》学术,对杨氏研究之成果至为注重,并受其影响。杨氏亦曾留学日本,并将日本汉学家桑原骘藏所撰文化史长文《由历史上观察的中国南北文化》,翻释成数万字之汉文,发表于国立武汉大学《文哲季刊》,是则筠如固深谙日语,而其译作之刊行,对中日学术交流,殊具贡献。

筠如抗日胜利前后,教学西安市西北大学中文系,民国三十五年(1946)七八月间去世,享年43岁。

后 记

本文草稿初就时,资料尚嫌未足,辱承复旦大学图书馆古籍部馆员王亮博士、高雄师范大学经学研究所硕士生梁霱云君提供《常德县志》、《清华同学录》二书中有关杨筠如珍贵史料,因藉之增订拙文,加补注语。兹全文撰作完竣,内容较前翔赡。王、梁二君百朋之锡,不敢或忘,谨于文末敬致谢忱。

(原载于《古籍整理研究学刊》2010年第1期)

图书在版编目(CIP)数据

九品中正与六朝门阀/杨筠如著.—上海:上海
人民出版社,2020
ISBN 978-7-208-16640-0

Ⅰ.①九…　Ⅱ.①杨…　Ⅲ.①九品中正制-研究 ②家
族-史料-中国-六朝时代　Ⅳ.①D691.4 ②K820.9

中国版本图书馆 CIP 数据核字(2020)第 147586 号

责任编辑　邵　冲
封面设计　陈酌工作室

九品中正与六朝门阀

杨筠如　著

出　　版　上海人民出版社
　　　　　 (200001　上海福建中路 193 号)
发　　行　上海人民出版社发行中心
印　　刷　江阴金马印刷有限公司
开　　本　635×965　1/16
印　　张　11.75
插　　页　5
字　　数　129,000
版　　次　2020 年 9 月第 1 版
印　　次　2020 年 9 月第 1 次印刷
ISBN 978-7-208-16640-0/K·2985
定　　价　68.00 元